단
한 번의
여행

당신과 함께
가 보고 싶은 그곳

최갑수
글·사진

단
한 번의
여행

우리의 여행을
눈부신 방향으로 이끌
별자리 같은 안내서

bodabooks

프롤로그

여행을 하며 배웠습니다. 달리는 것도 중요하지만 쉬는 것도 중요하다는 것, 인생은 속도보다는 방향이라는 것, 주변 사람들의 충고에 귀를 기울여야 한다는 것, 그리고 즐기는 자가 멀리 갈 수 있다는 것을요.

"산다는 것은 경험하는 것이지 삶의 의미에 대해 생각하고 앉아 있는 것이 아니다." 소설가 파울로 코엘료는 이렇게 말했습니다. 목마름에 대한 해결은 목마름에 대한 의미를 생각할 때가 아니라, 물을 가지러 일어설 때부터 해결됩니다. 어차피 시간은 지나가고, 시간은 우리에게 의미 따위는 가르쳐 주지 않습니다. 우리는 경험하고 늙어갈 뿐입니다.

우리 인생의 행복한 기억은 대부분 '즐겁게 놀았던' 순간들로 채워져 있다는 것을 알았습니다. 그리고 그 순간의 대부분은 여행이라는 것도 알게 됐구요. 그러니까, 우리는 더 잘 살기 위해 조금 더 놀아야 할 것이고, 더 행복하기 위해 더 여행해야 할 것입니다.

다시 코엘료를 이야기하자면, 그는 이렇게 말했습니다. "시간이 우리에게 가져다주는 건 피로하다는 느낌. 나이를 먹었다는 느낌뿐이지"라구요. 맞습니다. 이는 우리가 여행을 떠나야 할 이유이기도 합니다.

푹신한 침대에 누워 티브이를 보고 있는 지금도, 짙푸른 바다 앞에 서 있는 지금도 우리는 늙어가고 있습니다. 우리가 가지고 있는 하루는 하루에 하루만큼 사라지고 있습니다. 조금씩 사라지는 우리의 순간들이 너무나 안타깝고 아쉬운 요즘입니다.

우리가 더 올바른 방향으로, 더 느긋한 속도로 걸어가면 좋겠습니다. 우리에겐 즐겨야 하는 순간들이, 사랑하는 사람의 손을 잡고 가야 할 장소가 많습니다. 우리는 그 순간과 그 장소를 알고 있지만 주저하며 망설이다가 놓치곤 하죠. 우리는 늘 후회한답니다.

시간이 없습니다. 주저하고 망설이기에 우리 인생은 너무 짧습니다. 이 책은 당신이 더 여행하기를 바랍니다. 그래서 당신이 더 행복해지기를 바랍니다. 이 책이 사랑하는 사람과 함께 떠나는 당신의 여행에 별자리 같은 안내서가 된다면 좋겠습니다.

차례

조금만 더 해 보자.
우리는 더 잘 될 거야
강릉 바다와 커피 10

더 열심히 놀아야지,
더 애타게 사랑해야지
양양 서피비치 눈부신 모래밭 16

우리 조금만 더 걸어 볼까?
서울 한양도성길 22

우리는 가끔 숲을 잊곤 하지
횡성 미술관 자작나무숲과 숲체원 28

우린 모두 누군가의
첫사랑이었음을 기억하는 곳
양평 구둔역과 세미원 36

고택 처마 아래 앉은 마음은
산 그림자처럼 느긋해지다
완주 아원고택 42

감귤나무 지나 돌담길 따라가면
나타나는 푸른 바다
제주 대평리와 그 주변 48

오늘 하루 쯤은
이런 비일상 어때요
세종 하루 나들이 54

바닷가 앞 중국집 그리고
우리나라 제일 북쪽 돈가스집
고성 동해반점과 장미경양식 60

여기에서 딱 한 달만
살았으면 좋겠다
속초에서 보낸 게으른 시간 64

철책선 앞 커피집
이상한 파주의 유쾌한 여행 70

잠시 쉬어가도, 조금 달라도,
서툴러도 괜찮아
영화 〈리틀 포레스트〉 혜원의 집 76

청년들이 의성에
전입신고를 했습니다
의성에서 만난 소박한 가게들 82

우리에겐 아직 더 많은 사랑과
여행의 기회가 남았습니다
군산 가을 여행 86

우리가 시와 함께 여행하는 법
정선 새비재와 몰운대 지나 만항재까지 96

중국집에서 돼지갈비를 먹었습니다
제천 송학반장과 광덕빗자루공예사 106

"몸 안에 한 그루 푸른 나무를
숨 쉬게 하는 일"
지리산 둘레길 112

내 속에 어떤 마음이 있나,
마음이 마음을 더듬다
김제 금산사 템플스테이 122

이토록 시적인 서울의
야경 앞에 서서
서울 윤동주 시인의 언덕 134

꼭꼭, 내 생을 며칠 정도
숨기고 싶은 섬
신안 가거도와 만재도 140

그래도
이 일을 선택하길 잘했어
삼척, 해변의 말랑한 봄, 봄, 봄 146

봄은 벚나무에 인연처럼 짧게
부안 내소사 벚꽃 152

동백꽃 밟으며 봄날을 걷다
거문도 트레킹 156

우리 생에 만날 수 있는
가장 빛나는 숲
인제 속삭이는 자작나무숲 166

다친 마음을 위로하는
따스한 노을과 깊은 맛
태안의 풍경과 음식들 172

노을은 붉었고
숲길은 고요했네
영주 부석사와 죽령옛길 180

혼자 있고 싶은 시간의 가을
**아산 공세리 성당과 봉곡사 숲길
그리고 곡교 천변길** 188

우리네 삶은 곧 저러한 모습으로
외로워지겠구나
경주 황룡사지와 고분군 196

"그러니까 밀물이,
모래를 적시는 소리가 고요하게"
인천 자월도 202

그물 위로 춤추는 은빛 멸치
기장 대변항과 송정역 208

삶은 제자리로 돌아간다
〈어쩌다 사장〉 촬영지 화천 원천상회 214

분홍과 파랑이 인도하는 5월
영덕 지품면 복사꽃과 강축 해안도로 218

어느 처마 아래, 우리가 손잡고
보낸 평화로운 세월
가을의 소쇄원과 봄의 명옥헌 222

화순에서 만난 신비로운 가을
화순 운주사와 숲정이숲 228

눈물이 나도록 아름다운
선암사와 송광사 그리고 순천만 236

단 한 사람을 위해 만든
찬란한 가을 숲
홍천 은행나무숲 246

한 발 한 발 마음을
가다듬으며 걸었습니다
익산~김제~전주~완주 아름다운 순례길 250

바다와 산 중에서
하나를 고르라면? 글쎄…
동해 바다 드라이브와 베틀바위 260

마음에 한 뼘
틈이 생기는 풍경
강화도 조양방직과 교동도 대룡시장 266

스님도 짜장면은
드시고 싶으니까
청도 운문사와 강남반점 272

당신과 함께 매화를 보고 싶은 곳
매화로 맞이하는 봄날 276

오세요, 하동에 꽃 필 때
**하동 먹점마을 매화와
쌍계사 십리벚꽃길** 286

남해, 봄, 벚꽃, 당신
그리고 바다
남해 금산 보리암과 평산마을 292

"꽃이 지는 건 쉬워도
잊는 건 한참이더군"
선운사의 가을 302

물안개처럼 아련히 피어오르는
첫사랑의 추억
겨울 소양호와 청평사 312

끝은 끝이 아닌 새로운 시작
해남 땅끝마을과 대흥사 320

손을 잡고 옛 담장 길을 걷는 일
거창 황산마을과 수승대 328

새롭게 시작하기에는
내일보다 좋은 날은 없으니까
울진 덕구온천과 죽변항 336

조금만 더 해 보자.
우리는 더 잘 될 거야

바다와 커피

○ 단 한 번의 여행

바다 ──

언젠가 여름이었다. 이 일을 계속해야 할지, 전업을 해야 할지 심각하게 고민했다. 그래도 고민이 끝날 때까지는 일을 그만둘 수는 없는 일. 취재 의뢰를 받고 강릉으로 향했다. 초여름이었지만 날씨는 뜨거웠고 카메라 가방은 여전히 무거웠다. 해변을 향해 터덜터덜 걸어가며 이렇게 생각했다. '이번 일만 끝나면 그만둘 거야. 내가 할 수 있는 다른 일이 분명 있을 거야.'

그러다가 렌즈 속에 들어온 바다를 보니 이런 생각이 들었다. '이 일이 최고야. 이렇게 아름다운 장면을 평생에 걸쳐 바라볼 수 있다니 이 얼마나 좋은 직업인가.' 취재를 마치고 서울로 돌아오는 길 나는 이 일을 더 하기로 마음먹었다.

지금 이 일을 하면서 살고 싶은지는 솔직히 잘 모르겠다. 작가로서의 재능이 있는지도 잘 모르겠다. 다만 여행을 하지 않고는 견딜 수 없고 글을 쓰지 않고는 살 수 없다는 걸 알 뿐이다. 그래, 조금만 더 해보자. 끝까지 하다 보면 뭐라도 되겠지. 어떻게든 되겠지.

해야 할까, 하지 말아야 할까. 선택의 고민을 안고 여행을 떠났던 경우, 여행에서 돌아올 때 내렸던 결론의 대부분은 '까짓것 해 보지 뭐'였던 것 같다. 여행은 이렇게 우리를 긍정으로 이끈다.

커피 ──

지금까지 마셨던 커피 중에 가장 맛있는 커피를 꼽으라면 에티오피아 하라르의 길거리에서 마셨던 160원짜리 커피지만 가장 기억에 남는 커피라면 10년 전 강릉 연곡 보헤미안에서 박이추 선생이 직접 내려줬던 커피다.

언젠가 책에 썼듯, 나는 어느 겨울, 영하 17도의 "새벽 5시에 일어나 토스트를 만들어 먹고, 샤워를 하고, 방한복을 챙겨 입고 비니를 눈썹까지 눌러쓰고, 목도리를 칭칭 두르고, 장갑을 끼고" 집을 나섰다. 커피를 마시기 위해서였다.

그때 "세상 모든 일에는 많은 이유가 존재하고, 여행 역시 '세상 모든 일' 가운데 하나다. 강릉에서 커피를 마시기 위해 새벽 6시의 얼어붙은 고속도로를 달리는 것 역시 그다지 이상한 일은 아니다"라고 썼는데 지금도 그 생각에는 변함이 없다.

당시 강릉은 '커피 도시'로 떠오르고 있을 때였다. 나는 어느 잡지에서 의뢰를 받고 '커피의 도시 강릉'이라는 주제로 원고를 만들기 위해 강릉에 갔다. 박 선생은 2004년 연곡 영진리에 '보헤미안'이라는 카페를 열고 직접 커피를 내리고 있었다.

열 개 남짓한 갈색 테이블과 의자가 무심하게 놓여 있는 실내는 다방 같았던 것으로 기억한다. 테이블 위에는 갈색 설탕병이 놓여 있었고 창문을 넘어온 투명한 겨울 햇살이 설탕병을 비추고 있었다. 그리고 바다. 멀리, 아득하게 바다가 보였다. 수평선에서 흰 파도가, 설탕 같은 파도가 일렁였다.

박이추 선생을 카페 한 편에 자리한 로스팅실에서 인터뷰했다. "커피는 어떤 맛을 지니고 있어야 합니까?"하고 여쭈었는데 선생은 "쓴맛을 지니고 있어야 합니다"하고 단호하게 답했다. 인터뷰를 하는 중간 중간 선생은 커피콩을 볶고 다시 식혔다. 또 물었다. "왜 모든 커피를 직접 뽑으시나요?" 선생이 무심하게 대답했다. "커피를 마시는 분들께 나의 마음과 에너지를 전달하기 위해서지요."

선생이 내려준 커피 맛은 솔직히 지금은 기억나지 않는다. 나는 인터뷰에만 정신이 팔려 있었고 커피 맛을 느낄 겨를이 없었다. 다시 원고를 보니 "박 선생이 내려준 커피를 마시는 동안 '이 차가운 세계에 이런 맛도 있어야지'하는 그런 생각이 들었다"라고 적어 놓았다.

인터뷰를 마치기 전 "어떤 커피가 맛있습니까?"라는, 지금 생각해도 아주 어리석은 질문을 던졌는데, 한참을 생각하던 선생은 이렇게 대답했다. "좋은 사람과 마시는 커피가 맛있습니다."

그날 마셨던 박 선생이 내려준 커피는 맛은 기억나지 않는다. 하지만 가장 기억에 남는다.

―――

보헤미안 본점(강릉시 연곡면 홍질목길, 033-662-5365)은 명성에 비해 소박한 모습이다. 카페는 주 4일만 연다. 더 세련된 분위기에서 커피를 즐기고 싶다면 보헤미안 박이추커피공장(강릉시 사천면 해안로, 033-642-6688)을 추천한다. 구정면에 자리한 테라로사 커피공장(강릉시 구정면 현천길 7, 033-648-2760)은 지난 2017년 7월에 거대한 공장형 건물의 내부를 넓게 터 리모델링했다. 북쪽의 연곡 해변에서 사천 해변을 거쳐 경포 해변, 그리고 안목 해변과 남항진 해변에 이르기까지 강릉 해안 구석구석에는 저마다의 개성이 강한 카페들이 숨어 있다.

주문진항에 자리한 주문진실비생선구이(033-661-4952)는 생선구이가 맛있는 집이다. 벌집칼국수(033-648-0866)는 장칼국수로 유명한 집. 백종원이 강릉 3대 칼국수집으로 소개하면서 널리 알려졌다. 40년째 옛문화여인숙 건물을 개조하지 않고 그대로 사용하는데, 예전 여인숙이었을 때의 흔적이 곳곳에 묻어있다.

더 열심히 놀아야지,
더 애타게 사랑해야지

서피비치 눈부신 모래밭

단
한 번의
여행

이십 년 전이다. 강원도에 갈 때마다 하조대 해변을 찾곤 했다. 찾는 이 없어 한적하기만 한 해변이었다. 양양에 대한 원고를 쓸 때마다 "흰 백사장과 푸른 파도만으로 이루어진 '심플한' 해수욕장"이라고 했고, "동해안에서 가장 검은 물빛을 가지고 있는 곳"이라고 했다.

예전엔 갈대가 참 많았는데, 그래서 바람이 지날 때마다 갈대숲은 파도보다 더 큰 소리를 내곤 했는데, 지금 그 자리에는 펜션과 카페가 들어섰다.

하조대 해변 위쪽 풍경도 많이 바뀌었다. 어느새 한국에서 가장 유명하고 이국적인 풍경의 해변이 됐다. 지금은 '서피비치'로 불린다. 해변에 들어서면 외국의 어느 해변에 들어선 것 같다. 바다에는 서핑을 즐기는 젊은이들로 가득하다.

서피비치는 그냥 있는 것만으로도 좋다. 삶을 낭비하고 있는 것만 같다. '메멘토 모리'(Memento Mori)라는 말이 있다. "죽음을 기억하라" 또는 "너는 반드시 죽는다는 것을 기억하라"를 뜻하는 라틴어다. 서피비치에서 우리는 인간이니까 언젠가는 죽는다는 걸 다시 떠올린다. 그러니까 조금 더 행복하게, 조금 더 즐겁게 살고 싶다.

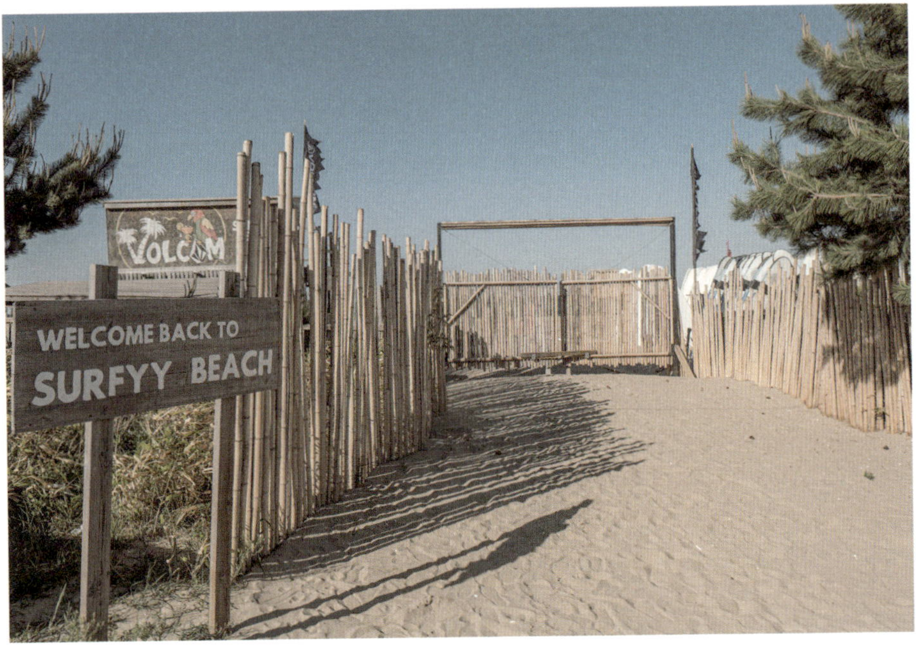
VOLCOM
WELCOME BACK TO
SURFYY BEACH

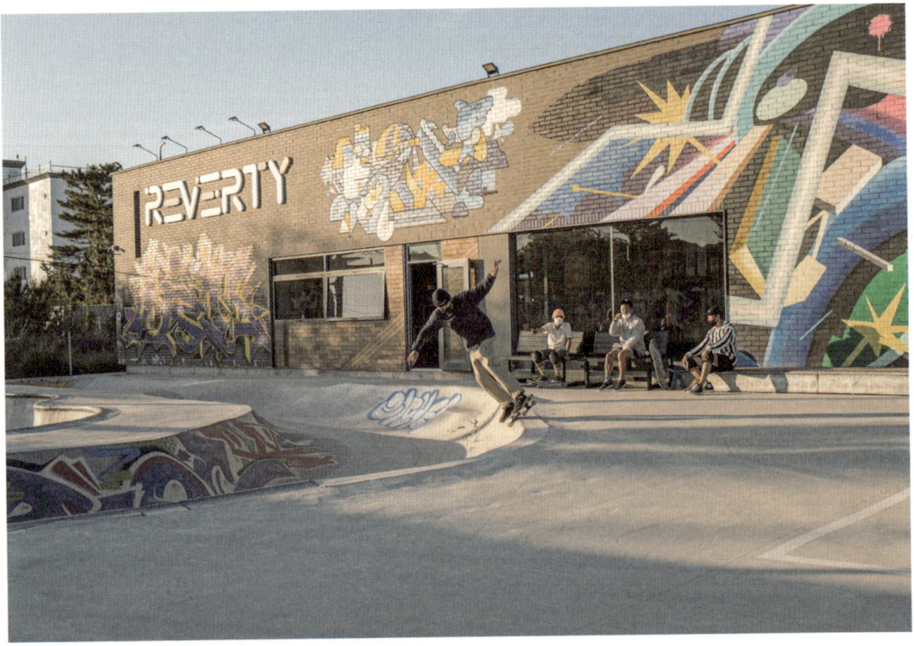
REVERTY

마흔이 넘어서야, 돈이 우리를 행복하게 해 주지 못한다는 걸 조금씩 깨달아 가고 있다. 우리가 가진 행복한 기억의 대부분은 사랑하는 사람과 함께 놀았을 때의 그것이라는 걸 알게 됐다. 그리고 우리 모두에게는 우리가 사랑하는 사람과 놀 수 있는 시간이 얼마 남지 않았다.

이제 내겐 얼마나 많은 하루가 남아 있을까. 돌아가서는 더 열심히 놀아야지 그리고 사랑해야지.

아 참, 이십 년 전에 이렇게도 썼구나. "모래밭은 흰 밀가루를 뿌려 놓은 듯 하얗다. 한 움큼 모래를 손에 쥐면 어느새 스르르 빠져나간다. 어쩌면 우리네 인생도 모래를 손에 쥐는 것처럼 허망한 일일지도 모른다. 손을 펴 보면 남아 있는 것은 아무도 없다. 그러니 욕심부리지 말고 폐 끼치지 말고 살 일이다."

하조대 해변 북쪽에 하조대라는 멋진 절벽이 있다. 하조대라는 이름은 고려 말엽의 하륜과 조준에게서 유래했다. 두 사람은 고려가 기울자 벼슬을 버리고 이곳으로 내려와 은거했다. 태조 이성계가 등극하자 벼슬길에 오르기 위해 떠난 이들의 성을 따서 하조대라 했다고 한다. 절벽 가까이에 정자가 그림처럼 들어앉아 있다. 정자 너머로 일망무제의 바다가 펼쳐진다. 건너편 암봉에는 수령 100년 이상 된 소나무 한 그루가 우뚝하게 서 있다. 바위에 뿌리를 내리고 해풍을 맞으며 꿋꿋하게 서 있는 모습이 신기하다.

서피비치 근방에 자리한 싱글핀 에일웍스(033-672-1155)는 시카고 피자로 유명하다. 실내 곳곳이 서핑보드로 꾸며져 있다. 수제 맥주도 맛있다. 플리즈 웨잇(1577-8647)은 인구해변의 랜드마크. 낮에는 카페, 밤에는 펍으로 운영된다. 가게 앞의 거대한 야자수가 이채롭다.

우리 조금만 더
걸어 볼까?

한양도성길

아내와 함께 한양도성길을 걸었다. 서울의 낙산(동)과 인왕산(서), 남산(남), 북악산(북)의 내사산(內四山)을 연결해 만든 성이다. 1392년 태조 이성계가 조선을 건국하고 1394년 10월 수도를 개성에서 한양으로 옮기면서 만들었다. 유득공이 그의 책 《경도잡지》에 "도성의 둘레는 40리인데, 이를 하루 만에 두루 돌면서 성 안팎의 꽃과 버들 감상하는 것을 좋은 구경거리로 여겼다"고 한 걸 보면 예부터 걷기 좋았던 모양이다.

몇 해 전, 취재 차 혼자 한양도성길을 걸었던 적이 있다. 카메라를 들고 뛰어다녔다. 취재였던 데다 혼자였으니 재미가 없었다. 하지만 이번에는 둘이었다. 사진은 찍어도 그만 안 찍어도 그만. 운동화를 신고 배낭에 오이 몇 개와 물 두 통을 챙겼다. 코스는 인왕산 구간과 백악 구간으로 잡았다. 돈의문 터에서 시작해 인왕산 정상을 지나고 창의문과 숙정문을 거쳐 혜화문에 닿는다. 도합 6시간 정도 걸린다.

인왕산 구간 초입부터 숲은 짙은 초록이었고 그늘은 깊었다. 바람 소리와 새소리도 어디선가 들려왔다. 길은 그다지 급하지 않아 동네 뒷산 걷듯 천천히 걸었다. 어디쯤 왔나 문득 뒤돌아보니 서울 도심의 빌딩 숲이 펼쳐졌다. 광화문과 경복궁, 청와대가 아득했고 멀리 남산타워도 보였다. 섭씨 32도. 하지만 인왕산 정상에서 맞는 날씨는 초

가을 같았다. 하늘은 푸르렀고 바람은 시원했다. 한양도성길의 좋은 점은 힘들면 아무 데서나 내려오면 된다는 것이다. 백악 구간이 끝나는 청운동 일대는 윤동주 시인이 연희전문학교 재학시절 하숙하며 산책을 즐기던 곳이다. 이곳에 윤동주문학관이 만들어져 있다.

더 걸어볼까? 아내는 고개를 끄덕였다. 우리는 내처 혜화문까지 가기로 했다. 이 구간은 초반이 힘들다. 창의문에서 돌고래 쉼터를 지나 백악마루까지 가파른 계단이 끝이 나지 않을 것처럼 이어진다. 가파른 숨을 내쉬며 걷고 쉬고 또 걷다 보면 40분~1시간 정도가 걸린다. 탐방길에는 경사가 가파르니 주의하라는 안내판이 곳곳에 붙어 있다.

땀 꽤나 쏟으며 닿은 백악마루. 한양도성에서 가장 높은 곳으로 '白岳山 海拔 342m'라고 적힌 표석이 서 있다. 이곳에 서면 경복궁과 세종로가 손에 잡힐 듯 가깝고 한강 건너 63빌딩까지 한눈에 들어온다. 북한산의 여러 봉우리들도 보인다. 힘들게 올라온 보람이 있다.

혜화문 지나 낙산까지 걸음이 이어졌다. 낙산은 내사산 중에서 가장 낮다. 해발 124미터. 서울의 좌청룡에 해당한다. 생긴 모양이 낙타 등처럼 생겨 낙타산, 타락산이라고 부르기도 했다. 창경궁과 창덕궁 등과 가깝고 계곡이 맑아 선비들이 많이 살았다고 한다. 《지봉유설》을 쓴 실학자 이수광도 낙산 기슭에서 살았다. 이 구간은 경사가 완만해 산책하듯 걷기에 적당하다. 낙산에 조금 이르게 도착해 이화동 구경에 나섰다. 재미있는 곳이 많다. 고양이 책만 파는 서점도 있고 서울의 노을을 바라보며 맥주를 마실 만한 카페도 있다. 마음에 드는 어느 곳이나 문을 열고 들어가도 된다.

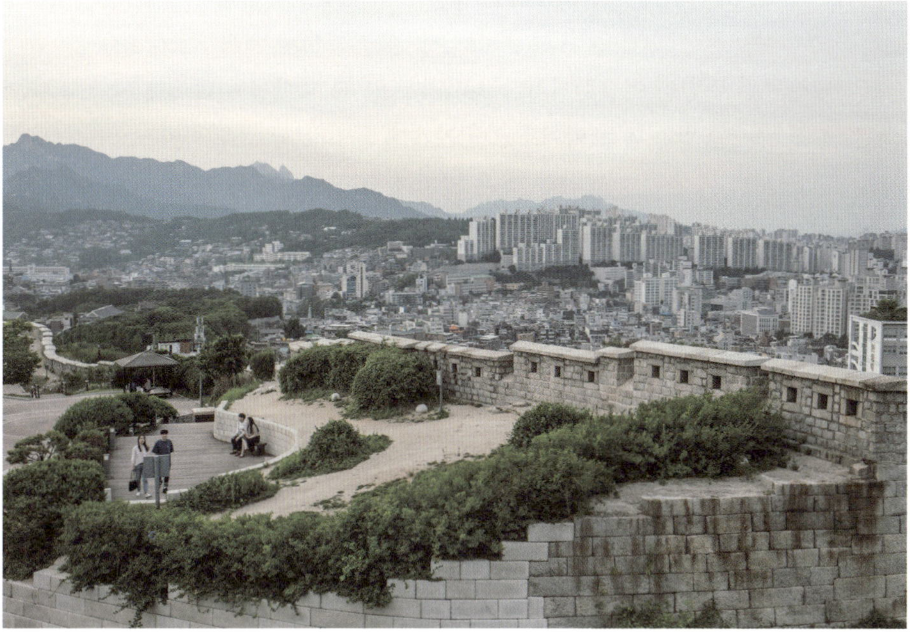

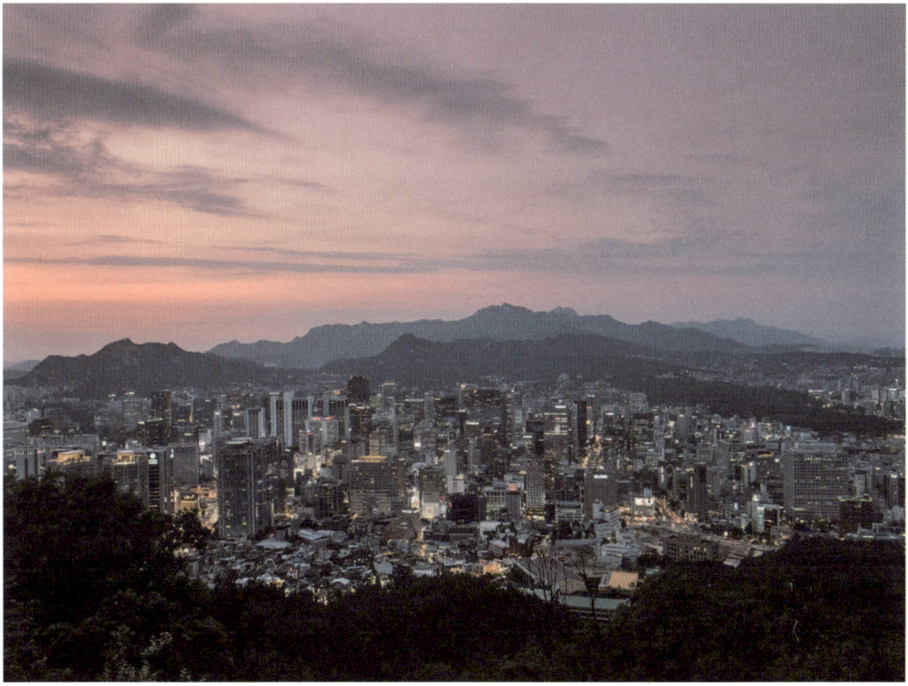

낙산공원 주변을 어슬렁거리다가 다리도 쉴 겸 낙산공원 아래에 자리한 '밀크공방'이라는 아이스크림 가게에 들어갔다. 우유 아이스크림을 시켜 한 스푼 떠먹었다. 우유 맛이 진했고 달콤했다. 뭔가 좋은 기분이 뭉게구름처럼 가슴 한편에서 만들어지는 것 같았다. 한국의 여름이 갈수록 혹독해진다고 하지만 이런 산책 한 시간과 이런 달콤한 아이스크림 한 스푼이면 그럭저럭 견딜 만하군, 하는 중얼거림이 새어 나왔다.

낙산 구간을 걷고 이화동 골목을 어슬렁거리기를 두 시간. 해가 지려면 아직 시간이 좀 남았다. 내처 흥인지문까지 갈까 아니면 여기서 더 시간을 보내다가 낙산공원에서 노을을 맞을까. 나는 서울 시내를 내려다보며 우두커니 서 있었다.

벌써 서울에 산 지 이십 년째다. 그러고 보니 참 오래됐다. 세월은 언제 이렇게 흘렀던 거야. 나는 아내의 옆모습을 바라보았다. '서울이 이렇게 이뻤구나' 아내는 남산타워를 가리키며 말했다. 우리는 오랜 시간을 같이 보냈고 어느 여름날 그 시간을 함께 뒤돌아보고 있다. 낙산공원에서 나는 아내의 손을 잡았다. 하늘을 보니 오늘 노을이 참 좋을 것 같았다.

―――

서울성곽 각 코스마다 서울의 여행 명소가 빼곡하다. 백악 구간에서는 북촌을 추천한다. 서울의 옛 모습을 고스란히 간직하고 있는 곳이다. 미술관과 카페 등 가볼 만한 곳이 많다. 낙산 구간에는 '서울의 몽마르트르'라고 불리는 낙산공원이 자리하고 있다. 공원 전망대에 서면 도봉산, 인왕산, 남산 등 도심의 명산과 고층 빌딩이 숲을 이룬 풍경이 파노라마처럼 펼쳐진다. 낙산 인근은 서울에서 가장 예쁜 골목길을 만날 수 있는 곳이기도 하다. 2006년 문화부 주도로 공공미술프로젝트가 진행되면서 골목 곳곳에 그림이 그려졌고 조형물이 설치됐다. 예술가들과 주민들이 어울려 가파른 계단마다, 허름한 벽마다 그림을 그렸다. 인왕산 구간에서는 정동길이 가깝고 남산에서는 남산타워와 남산한옥마을 등이 가 볼 만하다.

백악 구간에서는 통인시장의 명물 원조 할머니 떡볶이에서 기름떡볶이를 맛보자. 주인 김임옥 할머니가 30년 넘게 한 자리에서 가게를 운영하고 있다. 가마솥 뚜껑을 뒤집어 기름에 떡볶이를 볶아낸다. 수성동 계곡 입구에 자리한 누상동 화덕핏자 오르(070-8285-9344)의 노릇하게 구워나오는 피자도 주말 서촌 산책에 어울리는 메뉴. 자몽에이드를 곁들이면 더욱 좋다. 남도분식(02-723-7775)에서는 전라도 지역에서 유래한 상추 튀김을 비롯해 다양한 분식류를 맛볼 수 있다. 남산 주변에는 필동면옥과 평양면옥, 장충동족발촌 등이 있다.

우리는 가끔 숲을 잊곤 하지
미술관 자작나무숲과 숲체원

미술관 자작나무숲 ——

자작나무하면 강원도 인제를 떠올리지만 횡성에도 순백으로 빛나는 눈부신 자작나무숲이 있다. 그리고 그 숲속엔 예쁜 미술관까지 들어서 있다. '미술관 자작나무숲'이다.

매표소에서 입장료 2만 원을 내면 커피 한 잔과 미술관을 돌아볼 수 있다. 미술관에 들어서면 '예쁘다'는 말이 절로 나온다. 잘 꾸며진 정원 같다. 꽃들이 무더기로 피어 있는 정원에는 자작나무가 비스듬히 자라고 그 사이로 오솔길이 나 있다.

자작나무 오솔길을 지나면 통나무집이 나온다. 아주 상투적인 표현이지만 그림처럼 서 있다. 문을 열고 들어가면 카페 공간이 나온다. 카페에서 커피 한 잔을 마시고 자작나무 숲으로 간다.

크게 심호흡을 한다.
자작나무가 뿜어내는 숲의 향기.
자작나무 잎사귀를 빠져나온 햇빛은 낯선 언어처럼 반짝인다.
우리는 가끔 숲속에서 숲 밖의 일들을 아무렇지도 않게 잊는다.

하루키가 이렇게 말했었지. 아르마니 정장에 재규어를 몰고 다녀도 결국 개미와 다를 바 없다고. 일하고 또 일하다가 의미도 없이 죽는 거지. 때로는 이렇게 멈춰 서서 심호흡을 하고 머릿속을 나무와 나비, 바람에 대한 생각으로 가득 채워 보는 것이 더 중요한 일이 아닐까.

숲체원 ──

유월은 일 년 중 숲이 가장 아름답고 찬란할 때. 한여름의 짙은 신록으로 가기 전, 숲은 유월 한 달 동안 밝고 눈부신 초록에 머문다. 그 초록은 설레고 사랑스러워서 단지 숲속에 발을 들이는 것만으로도 마음 한편이 환해지고 다정해진다.

유월의 숲에는 온갖 살아 있는 것들의 기척과 디테일들로 가득하다. 햇살을 받은 나뭇잎은 잠자리 날개처럼 투명하게 빛나고 유월의 따스한 공기 속에서 나무껍질은 말랑거린다. 엄지손가락으로 지그시 나무를 누르면 지문이라도 남을 것 같다. 거미들은 자신들의 시간을 몸속에서 빼어내 견고한 집을 짓느라 바쁘고 나무둥치에 서린 이끼에는 생기가 돈다. 숲 어딘가에서 흰 열무 꽃잎 같은 나비들이 팔랑거리며 날아와 문득 눈앞으로 다가서는 때도 유월이다. 숲에 고인 공기에서는 달콤하고 새콤한 박하 향이 나는 것도 같다. 유월의 숲을 걸어 보시길. 당신이 갖고 싶은 자동차의 제로백과 구두의 가격, 이번 달 내야 할 대출금 이자와 카드 대금뿐만 아니라 당신이 지금 서 있는 이 숲 역시 당신 생의 기척과 디테일이라는 자명한 사실을 알게 해 줄 테니까 말이다.

알고 있는 유월의 숲이 있으신지. 없다면 강원도 횡성에 자리한 '숲체원'을 권해드린다. 횡성 태기산과 청태산 사이, 옛 영동고속도로 영동 1터널 옆에 있다. 다짜고짜, 그냥, 막무가내로 말씀드린다. 이 숲 참 좋다고. 이맘때 당신이 여행을 떠난다면, 그런데 어디로 갈지 몰라 망설이고 있다면, 그래서 내게 좋은 여행지를 묻는다면, 당신의 등을 떠밀며 숲체원으로 가 보시라고 하겠다. 그만큼 좋다.

먼저 숲체원에 대해 잠깐 알아보자. 숲체원은 한국녹색문화재단에서 운영한다. 지난 2007년 9월 개원했다. 청소년을 비롯한 일반인에게 숲 문화 체험을 제공하는 것이 주된 일이다. 6개의 숲 탐방로가 만들어져 있고 통나무로 된 숙소도 준비되어 있다. 각종 회의나 세미나, 전시회, 관련 시민단체의 교류 장소로 활용된다. 몸이 아프거나 불편한 이들이 휴양을 위해 많이 찾는다. 약 2~3시간이면 전체를 둘러볼 수 있다.

숲에 들어선다. 유월이지만 울창한 숲이 내뿜는 공기는 청량하면서도 차갑다. 살갗에 닿는 바람이 오소소 소름을 돋게 만든다. 반팔 티셔츠를 달랑 입고 갔다면 가벼운 점퍼라도 걸쳐야 할 듯싶다. 나무 데크를 걸을 때마다 발자국 소리가 탁, 탁, 탁 숲속에 울린다. 멀리 딱따구리와 멧새 소리가 날아와 발치에 떨어진다.

팔을 벌리고 깊은 심호흡을 해 본다. 콧속으로 맑은 공기가 스민다. 민트 향이 나는 것 같기도 하고 갓 꺾은 방아잎 향이 나는 것 같기도 하다. 아니면 아카시아 향일까, 아니, 어쩌면 곰취잎에서 맡아본 것 같기도 하다. 머릿속이 맑아지는 것만 같다. 깨끗하게 삶은 행주로 생

각의 기름기를 말끔하게 닦아내는 느낌이다.

등산로를 걷는 걸음은 자꾸만 느려진다. 은방울꽃을 보느라, 나뭇잎을 횡단하는 다리가 여럿 달린 벌레들을 지켜보느라 그렇다. 오늘은 잠시 도시의 비좁은 생에서 벗어나 우리가 가진 시간들 가운데 몇 시간을 나무들 사이에 내려놓았다. 그리고 쇼윈도를 보느라, 스마트폰으로 급한 이메일을 확인하느라, 서류를 찾기 위해 가방을 뒤적이느라 걸음이 느려진 것이 아니라, 한 송이 꽃을 보기 위해 걸음이 느려졌다.

느리게, 느리게 걸음을 작동하며 등산로를 올라간다. 숲은 신갈나무며 자작나무, 철쭉, 산벚나무, 물박달나무, 함박꽃나무, 단풍나무, 전나무로 빼곡하고 지금 싱싱한 봄물이 들고 있다. 그렇게 얼마나 갔을까. 나도 모르는 사이 정상 전망대에 섰다. 멀리 숲체원의 전경이 내려다보인다. 드문드문 통나무집이 숲속에 깃들어 있다. 헨리 데이비드 소로의 한 구절을 읊조린다. 분명 오늘 숲체원 산책에 어울리는 한 구절이다.

"나는 자유롭게 살기 위해 숲속에 왔다. / 삶의 정수를 빨아 들이기 위해 사려 깊게 살고 싶다. / 삶이 아닌 것을 모두 떨치고 / 삶이 다했을 때 삶에 대해 후회하지 말라."

———

미술관 자작나무숲(www.jjsoup.com, 033-342-6833)에서 자세한 정보를 얻을 수 있다. '숲속의 집'은 미술관에서 운영하는 게스트하우스다. 하룻밤 묵을 수도 있다. 풍수원 성당도 가 보자. 한국인 신부가 지은 최초의 성당이자 한국에서 네 번째로 들어선 성당이다. 건물은 고딕 양식으로 아담하게 지어졌다. 성당은 지은 지 100여 년이 지났지만 지금도 하나도 변하지 않은 듯 보인다.

축협한우프라자(033-343-9908)는 횡성 한우를 맛볼 수 있는 곳. 마블링이 촘촘하고 육즙이 풍부하다. 횡성종합운동장 바로 앞에 자리한 운동장해장국(033-345-1770)은 한우 해장국이 맛있다. 돌솥밥과 함께 나온다. 전날 과음하지 않아도 '속이 확 풀린다'는 말이 절로 나온다. 안흥찐빵마을에서 찐빵도 맛보자. 국내산 팥을 무쇠솥에 삶아서 인공감미료 없이 찐빵 속을 만들고, 막걸리로 발효시킨 밀가루로 빵을 만들어 하루 동안 숙성시켜 쪄낸다. 1998년부터 찐빵집이 하나둘 생겨나기 시작해 지금의 마을이 만들어졌다. 면사무소앞안흥찐빵(033-342-4570)과 심순녀안흥찐빵(033-342-4460)이 원조. 1968년부터 시작했다. 둘은 자매 사이다.

우린 모두 누군가의
첫사랑이었음을 기억하는 곳

구둔역과 세미원

'우린 모두 누군가의 첫사랑이었다.'
영화 〈건축학개론〉에 나오는 대사다.

구둔역에 가면 아마도 이 대사는 구둔역에 와 본 누군가가 썼겠다는 생각이 든다. 아무도 찾지 않는 역은 햇살 아래 우두커니 누군가를 기다리듯 서 있다.

구둔역은 1940년 일제 강점기에 지어진 간이역이다. 2012년 8월 중앙선이 복선화되면서 폐역됐다. 중앙선은 서울 청량리, 원주, 안동, 경주를 잇는 철도다. 일제가 물자의 공급과 운반을 위해 설치했다. 은행나무와 향나무가 역 마당을 지키고 있다.

꼬불꼬불 산길을 따라가다 보면, 이런 곳에 역이 있을까 하는 생각이 드는 순간 구둔역이 모습을 드러낸다. 역 건물에는 손님이 열차를 기다리는 '대합실'과 역무원이 일을 보는 '역무실'이 있는데, 일부 공간이 툭 튀어나온 역무실은 3면에 창문을 달고 있다. 역에 들어오는 기차를 쉽게 볼 수 있도록 한 것이다. 2006년 '대한민국 근대문화유산'으로 지정됐고 한국에서 가장 아름다운 간이역으로 뽑히기도 했다.

구둔역에서 나와 세미원으로 간다. 잘 꾸며진 정원이다. 돌다리가 놓

인 시냇물을 만들어 놓았고 장독을 가득 놓아 정원을 꾸몄다. 연꽃이 피는 연못도 있다. 한나절 산책을 즐기기에 좋다.

세미원 옆은 두물머리다. 모두 다 아는 곳이라 딱히 설명이 필요 없는 곳. 그래도 찾으면 또 좋은 곳. 400년간 두 물줄기가 만나는 모습을 지켜본 거대한 느티나무가 두물머리의 운치를 더해 준다.

문득 떠나고 싶을 때 이 두 곳을 추천해 드린다. 구둔역 앞에 서면 가끔 존재하고 있는 것만으로도 고마운 것들이 있다는 걸 알게 된다. 사라지지 않고 그 자리에 그 모습으로 가만히 서 있는 것들. 그것들을 보는 것만으로도 좋다.

세미원을 걷노라면 그냥 마음이 편해진다. 딱히 이유를 설명할 수는 없지만, 왜 그런 것들 있지 않나. 책상 서랍 속에 고요히 들어앉아 있는 조개껍질이나 여행에서 주워 온 돌멩이 같은 것들. 딱히 생활에 필요한 것들은 아니지만 뭔가 자신의 삶에 온기를 불어넣어 주는 그런 것들. 구둔역도 그런 것들 중에 하나다.

―――

세미원을 나와 체육공원 앞을 지나 다리를 건너면 왼쪽 물길을 따라 산책로가 나온다. 20분쯤 걸으면 두물머리다.
용문면에 도프커피(031-774-0705)는 2층으로 이루어진 식물카페다. 아인슈페너가 시그니처 메뉴. 옥천면옥(031-772-5187)은 냉면과 두툼한 완자가 맛있는 곳. 문을 연지 40년이 넘었다. 서종면 소리마을 한정식(031-773-6563)은 연예인들도 많이 찾는다.

고택 처마 아래 앉은 마음은
산 그림자처럼 느긋해지다

아원고택

단 한 번의 여행

여름이나 가을, 겨울도 좋지만 봄이면 생각나고 찾고 싶은 공간이 있다. 완주 소양면에 자리한 아원고택도 그런 곳이다. 대청에 앉아 있으면 종남산의 부드러운 능선이 마음을 느긋하게 만들어 준다. 소맷자락으로 슬그머니 봄바람이 불어오고, 처마 아래로 스며든 봄볕이 무릎을 따뜻하게 데운다. 창으로 보이는 바깥 풍경은 액자에 담긴 수묵화 같다.

2016년 11월 문을 연 아원(我園)은 '우리들의 정원'이라는 뜻. 원래 아원고택이 있던 자리는 산비탈과 논밭이었다. 건축가 전해갑 대표가 경남 진주의 250년 된 고택과 전북 정읍의 150년 된 고택을 이곳으로 고스란히 옮겨 왔다. 기본 뼈대는 그대로 살리고, 서까래와 기와만 교체했다고 한다.

아원고택에 들어가기 위해서는 아원갤러리&뮤지엄으로 입장해야 한다. 성곽처럼 보이는 단단한 콘크리트 구조물 위로 한옥의 날렵한 처마를 절묘하게 올렸다. 이곳은 한옥과 달리 현대적인 공간이다. 한옥 아래 자리한다고 믿기 어려울 정도다. 내부는 갤러리 공간인데, 1년에 2~3회 현대미술 초대전을 연다. 가운데 놓인 커다란 탁자에서 커피도 마실 수 있다. 천장이 개폐식이라, 고개를 들면 푸른 봄하늘이 눈에 들어온다.

실내에서 2층 바깥으로 이어지는 좁은 계단을 따라 올라가면 다른 세상이 펼쳐진다. 단아한 한옥 세 채가 모습을 드러낸다. '만사 제쳐 놓고 쉼을 얻는 곳'이라는 만휴당과 안채, 사랑채, 별채로 구성된다. 안채와 사랑채는 진주와 정읍의 고택을 이축했다. 아원고택이 지금 모습으로 완성되는 데 15년이 걸렸다고 한다.

아원고택은 건축의 중심에 종남산을 놓았다. 어디서나 종남산의 그 윽한 능선이 눈에 들어온다. 한옥은 주로 남향이지만, 아원고택은 서 쪽인 종남산을 바라본다. 만휴당과 종남산 사이 갤러리&뮤지엄 지붕 에는 빗물로 연못을 만들었다. 연못은 종남산을 불러들인다. 아침이 나 해가 뉘엿할 무렵이면 종남산 그림자가 고스란히 비친다. 한옥과 풍경은 이처럼 별개이면서 하나로 어울린다. 풍경은 고택의 창으로 도 들어왔다. 모든 창이 주변 풍경을 담는 액자다. 풍경을 차용한다는 한옥의 건축 철학을 철저히 구현하고 있다.

별채(천목다실)는 콘크리트 건물이지만, 안으로 들어서면 한옥처럼 아 늑하고 포근하다. 천장을 2.5m로 낮춰 현대식 건물을 한옥 처마 밑 으로 감췄다. 한옥과 현대식 건물의 조화를 시도한 것이다. 다실에 앉 아 창밖을 내다보면 장독대와 감나무 등이 눈에 들어와 한옥에 있는 듯하다.

한옥 앞에 대숲이 있다. 아원고택이 생기기 전부터 있던 숲이다. 바람 이 불 때마다 대숲이 청명한 소리를 만들어 낸다. 대숲 사이로 소담 한 산책로가 있다. 걸어서 5분이 채 되지 않는 길이지만, 봄 분위기를 즐기기에 모자람이 없다. 길 끝에 서면 시야가 환히 열리는데, 이곳에서 바라보는 고택 풍경이 그림처럼 아름답다.

아원고택 주위에 한옥 22채가 모여 오성한옥마을을 이룬다. 기와지붕 사이로 난 길을 걷다 보면 분위기 좋은 카페와 자그마한 책방도 만난다. 마을이 들어선 터는 1200여 년 전 절터를 떠돌던 도의선사가 멈춰 선 곳이라고 한다. 종남산(終南山)이라는 이름은 '남쪽으로 더 내려갈 필요가 없다'는 뜻이다. 오성한옥마을이 포근하고 아늑하게 느껴지는 까닭은 종남산과 서방산, 위봉산, 원등산이 에워싸고 있기 때문일 것이다.

―――

완주에는 건축학적으로 의미 있는 성당 두 곳이 있다. 1895년에 세운 되재성당은 서울 약현성당에 이어 우리나라에서 두 번째로 건립한 성당이자, 첫 한옥성당이다. 한국전쟁 때 소실됐지만, 완주군이 2009년 원형대로 복원하고 축성식을 열었다. 정면 9칸에 측면 5칸 팔작지붕 건물로, 내부는 중앙 기둥을 연결하는 낮은 벽으로 남녀 좌석을 구분하고 바닥은 마루로 꾸몄다.
천호성지는 1866년 병인박해 전후로 신도들이 천호산 자락에 모여 살던 교우촌이다. 천호성지 부활성당은 노출 콘크리트로 지었으며, 2008년 한국건축가협회상을 받았다. 성당 외부와 내부는 다각형 구조다. 안으로 들어서면 좌우 벽면에 난 비대칭 창문에서 햇살이 쏟아진다. 천호성지에는 1866년과 1868년 순교한 이들의 무덤이 있다.
완주는 로컬푸드로 유명하다. 행복정거장 모악산점(063-905-5720)은 완주에서 나는 재료를 활용해 만든 음식을 맛볼 수 있는 한식 뷔페다. 대승가든(063-243-8798)은 묵은지닭볶음탕으로, 원조화심두부(063-243-8952)는 순두부가 맛있다.

감귤나무 지나 돌담길 따라가면
나타나는 푸른 바다

대평리와 그 주변

> 단 한 번의 여행

대평리는 올레 8, 9코스가 만나는 지점에 위치한 작은 해안 마을이다. 난드르라고도 불리는데 이는 '넓은 들'이라는 뜻이다. 제주로 이주한 뭍 사람들도 많이 사는 지역인데 지역민들과 함께 예쁜 마을을 이루었다. 감귤나무며 동백나무가 심어진 돌담이 이어지는 골목을 따라 나박나박 걷다 보면 어느새 푸른 마늘밭이 펼쳐지고 마늘밭 너머로는 마늘밭보다 더 푸른 바다가 일렁인다. 드문드문 들어선 개성 있는 카페들과 게스트하우스들이 평화로우면서도 낭만적인 풍경을 연출한다.

마을길을 따라 걷다 보면 빨간 등대가 서 있는 포구에 닿는다. 빨간 소녀상이 조각된 등대 뒤로는 깎아지른 수직 해안 절벽인 박수기정이 병풍처럼 서 있다. 박수기정이란 박수와 기정의 합성어로, '바가지로 마실 샘물'(박수)이 솟는 '절벽'(기정)이라는 뜻이다. 해안을 따라 펼쳐진 130m 높이의 깎아지른 절벽과 드넓은 바다가 한데 어우러져 장엄한 풍광을 연출한다.

군산오름에도 올라보자. 산방산과 함께 제주 서남부지역을 대표하는 오름이다. '정상에 오르면 제주도의 4분의 1을 볼 수 있다'는 말을 들을 정도로 사방이 탁 트인 빼어난 경관을 자랑한다. 하지만 큰 수고를 들이지 않아도 쉽게 정상에 오를 수 있다. 안덕계곡과 대평리 사이의 좁은 도로를 이용하면 정상 턱밑까지 차를 타고 갈 수 있기 때문이다. 차에서 내려 5분이면 정상에 도착한다.

정상에 올라 주위를 둘러보면 감탄이 절로 나온다. 모슬봉과 송악산, 수월봉, 산방산 등이 훤히 내려다보인다. 그 반대편으로는 한라산이 한 폭의 그림처럼 펼쳐진다. 중문관광단지를 비롯한 서귀포시 지역의 명소들이 모두 내려다보인다.

대평리에서 산방산을 잇는 대정은 추사가 유배 생활을 한 곳이다. 바람이 거세기로도 유명하다. 추사는 1840년에 이곳으로 유배를 와 고독한 시간을 보냈다. 그 시간, 추사가 의지할 수 있는 것은 책뿐이었다. 역관이었던 추사의 제자 우선 이상적은 그런 추사의 심정을 누구보다도 잘 이해하고 있었고 중국에 갈 때마다 최신의 서적들을 구해다 추사에게 보내 주었다. 유배 가기 전이나 유배 간 뒤나 언제나 똑같이 자신을 대하는 우선의 행동을 보면서 추사는 문득 《논어》의 구절을 떠올렸다. '세한연후지송백지후조'(歲寒然後知松柏之後彫). '겨울이 되어서야 소나무나 잣나무가 시들지 않는다'는 사실을 느꼈듯이, 사람도 어려운 지경을 만나야 진정한 친구를 알 수 있는 법이다라는 뜻이다. 추사는 우선에 대한 고마움을 담아 그림을 그리게 되는데 그 그림이 바로 걸작 〈세한도〉다.

대정읍성에 둘러싸인 추사유배지는 추사의 고독한 시간을 고스란히 재현해 놓은 곳이다. 안거리(안채), 밖거리(사랑채), 모거리(별채)로 이루어진 현재의 초가집은 고증을 거쳐 1984년에 복원했다. 복원된 유배지 옆에는 추사의 서찰과 글씨, 기록들을 모은 전시장인 추사관이 있다. 이곳에서는 9년여의 제주 유배 기간에 겪은 경제적 궁핍과 참담한 심경 등이 느껴지는 편지들이 발길을 붙잡는다. 추사관은 한국 건축의 거장 승효상이 설계한 것으로 〈세한도〉를 그대로 옮겨 놓은 듯한 감흥을 전해 준다.

화순곶자왈도 지척이다. '곶'은 숲을, '자왈'은 돌과 가시나무 들판을 뜻하는 제주말이다. 용암이 굳어 가면서 쩍쩍 갈라져 생긴 돌무더기 땅을 비집고 식물들이 자라 숲을 이루었다. 이런 지형은 보온, 보습효과가 뛰어나고 지하수도 많다. 그래서 난대식물과 한대식물이 함께 자라는 특이한 형태를 띠는데, 이는 세계에서 제주의 곶자왈이 유일하다. 곶자왈은 지금까지 우리가 육지에서 경험하던 숲과는 다른 숲을 경험하게 해 준다. 나무와 덩굴식물, 암석 등이 뒤범벅이 돼 빚어내는 풍경은 숨이 멎을 듯 경건하기까지 하다.

화순곶자왈은 병악(골른오름)에서 시작해 화순리까지 약 9킬로미터에 걸쳐 분포되어 있다. 멸종위기에 있는 개가시나무, 새우난, 더부사리 고사리와 세계적 희귀종인 긴꼬리 딱새, 제주 휘파람새 등 50여 종의 동식물이 서식하고 있다. 거대한 상록 활엽수와 덩굴식물들이 한데 어우러진 곶자왈의 풍경은 마치 '숲의 정령'이 깃들어 있을 것 같은 신비스러운 느낌을 안겨 준다. 화순곶자왈은 길이 평탄해 아이들도 쉽게 갈 수 있다.

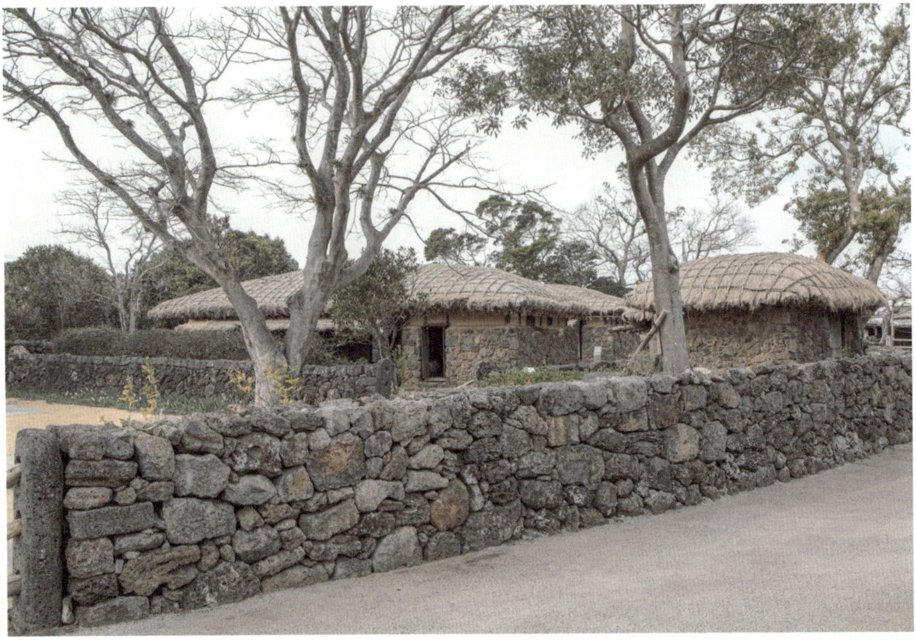

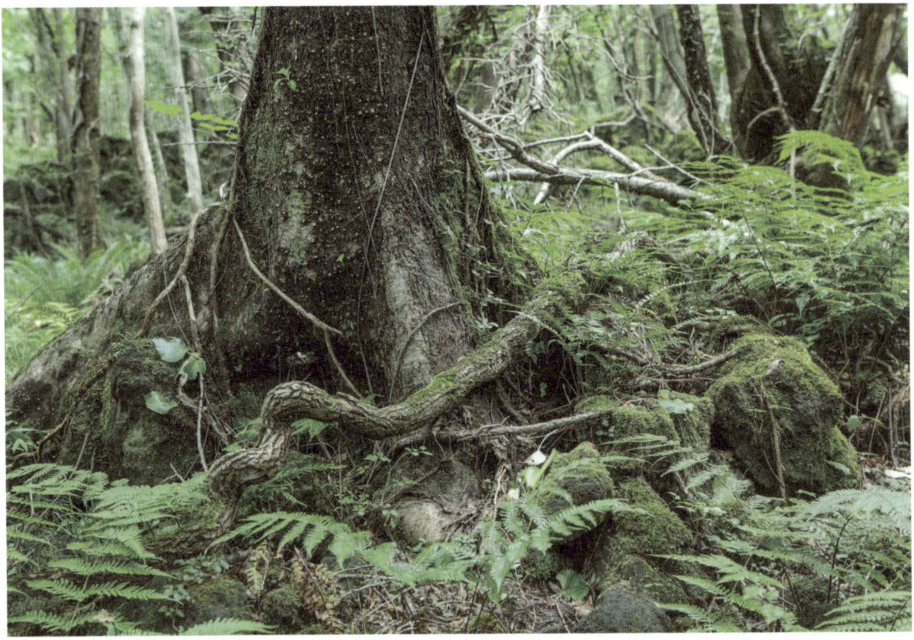

대평리 입구에 자리한 용왕 난드르(064-738-0715)는 대평리를 찾은 여행자들이 반드시 들르는 곳. 제주의 향토 상차림을 즐길 수 있는 식당으로 제주 앞바다에서 잡은 싱싱한 해산물을 기본으로 음식을 선보인다. 특히 보말수제비가 가장 인기가 좋은데 보말을 참기름에 달달 볶아 국간장으로 간을 맞추고 수제비를 뜯어 넣은 보말수제비는 고소하면서도 진한 맛이 일품이다. 모슬포항 앞에는 식당들이 늘어서 있다. 하나같이 평범해 보이는 집들이지만 보통집들이 아니다. 회는 대부분 직접 잡은 것을 내놓는다. 이 집들 모두가 조림을 잘한다. 물꾸럭식당, 덕승식당, 부두식당 등 저마다 독특한 비법으로 여행객이며 제주 사람들을 불러들인다. 갈치조림은 부두식당과 덕승식당이 유명한데 두 집이 스타일이 좀 다르다. 덕승식당이 먹기 알맞게 졸여서 나오는 스타일인 반면 부두식당은 가스레인지에 졸여 가면서 먹는 스타일이다. 그래서 국물이 약간 많다. 양은 푸짐하다. 갈치 한 마리가 다 들어가 있을 정도다. 무와 감자도 넉넉하게 들어가 있다. 보글보글 끓이다 보면 진한 양념도 자작하게 밴다. 특이하게도 소면을 같이 주는데, 다 먹고 난 후 남은 국물에 이 소면을 넣고 비벼 먹으면 그 맛도 기막히다.

2020년 10월 17일 개원한 국립세종수목원은 국내 첫 도심형 수목원이다. 세종특별자치시 연기면 행정중심복합도시 한가운데 있으며, 무려 축구장 90개 면적에 달하는 65ha에 식물 2,834종, 172만 본이 식재됐다. 경기 포천의 국립수목원, 경북 봉화의 국립백두대간수목원에 이어 세 번째로 조성된 국가 수목원이다. 온대 중부 권역에 서식하는 다양한 수종을 볼 수 있으며, 아름답고 다양한 정원과 멋진 온실도 갖춰 한나절 나들이 코스로 손색이 없다.

매표소와 방문자센터를 지나면 잔디가 깔린 축제 마당이 펼쳐진다. 이곳에 사계절전시온실이 있다. 최고 높이 32m에 총면적 약 9815㎡이며, 외떡잎식물인 붓꽃의 꽃잎을 형상화했다. 유리 건물인데도 차갑고 스산해 보이지 않는 이유다. 꽃잎마다 지중해온실, 열대온실, 특별전시온실이 자리하며 사계절 내내 화려한 꽃과 나무를 볼 수 있다. 우리와 기후대가 다른 지중해와 열대에 서식하는 식물을 전시·교육해 식물 종 다양성의 중요성을 알게 해 준다. 사계절전시온실은 모양이 독특하고 아름다워 세종시의 랜드마크 역할도 할 수 있을 것으로 기대된다.

2,200㎡ 규모 지중해온실에는 식물 227종 1,960본이 있다. '공룡의 먹이'라고도 불리는 울레미소나무, 생텍쥐페리의 소설 《어린 왕자》

에 나오는 바오바브나무, 지혜의 여신 아테나를 상징하는 올리브 등이 눈길을 끈다. 스페인 알함브라 궁전의 정원을 참고해서 지은 지중해온실은 지중해풍 조각품과 어우러져 낭만적인 풍경을 빚어낸다.

열대온실은 '신비로운 정글'을 주제로 꾸몄다. 2,800㎡ 면적에 나무고사리, 알스토니아 스콜라리스, 보리수나무 등 열대식물 437종 6,724본이 있다. 아이들이 덱을 따라 걷다가 벌레잡이(식충)식물 앞에서 오래 머문다. 식물도감에서나 보던 식물이 눈앞에 있으니 신기해하며 떠날 줄 모른다.

이산화탄소를 흡수하는 효과가 커 온난화를 방지하는 식물로 꼽히는 맹그로브, 개구리 알과 올챙이의 탁아소 역할을 하는 브로멜리아드, 꽃이 밤에 피어 '밤의 여왕'이라고 불리며 잎에 사람도 올라탈 수 있는 빅토리아수련 등이 발길을 붙든다. 알스토니아 스콜라리스는 다 자라면 키가 32m나 되는데, 여기에 맞춰 온실도 천장을 높게 지었다고 한다. 온실은 돌아보는 재미가 쏠쏠하다. 따뜻한 공간을 초록으로 가득 채운 식물을 보면 나중에 또 어떤 모습으로 울창해질까 싶고, 아는 식물을 만나면 반갑다.

사계절전시온실에서 나오면 야외 공간이다. 겨울 햇살을 받으며 은은하게 흐르는 실개울이 보인다. 함양지에서 민속식물원까지 수목원을 돌며 흐르는 길이 2.4km 청류지원(淸流池園)으로, 금강에서 물을 끌어왔다.

실개울을 건너면 한국전통정원이 보이고, 우람한 목조건물 솔찬루가

서 있다. '소나무처럼 푸르고 옹골차다'라는 뜻이다. 궁궐정원이 고고한 자태를 뽐내고, 관람객이 파종과 재배, 수확까지 체험하는 민가정원도 있다. 습지원, 야생화원, 민속식물원, 무궁화원, 치산녹화원, 식물분류원, 숲정원, 치유정원, 후계목정원 등 다양한 야외 공간을 둘러보기에 아쉬운 계절이지만, 온실 구경만으로 충분히 보상받고 남는다.

금강자연휴양림도 함께 돌아볼 만하다. 정문에서 산책길을 따라 한 바퀴 도는데 1시간이면 충분하다. 기분 좋은 숲길이 이어지는데 길이 평탄해 누구나 쉽게 걸을 수 있다.

세종에는 분위기 좋은 카페가 많다. '이도사유'는 차가운 금속 재질로 지어진 카페다. 외관은 얼핏 보면 갤러리 같다. 벽에 아무런 장식 없이 자리한 문을 열고 들어가면 미니멀하게 꾸며진 실내가 나온다. 나만을 위한 비밀의 공간이 열리는 느낌. 카페는 ㅁ자형으로 만들어져 있는데 가운데 유리 온실이 자리하고 있다. 매시 정각과 30분, 유리 온실에는 우윳빛 안개가 피어오른다. SNS에 올릴 사진을 찍을 수 있는 기회. 카페 분위기도 시끄럽지 않고 잔잔하다. "이도의 가치는 눈앞에 펼쳐지는 인상적인 경험을 통해 잠시 생각을 비우고 나와 만나는 사유의 시간을 제공합니다. 이곳의 시간의 흐름은 다릅니다."라고 적혀 있는데, 그래서인지 카페의 모든 의자가 온실을 바라보게 해 두었다.

카페 비일상은 한적한 시골 동네에 자리한 카페로 무심한 시간을 보내기 좋은 곳. 논을 앞에 두고 무심한 듯 서 있는 카페 건물이 이색적

이다. 야외에도 자리가 마련되어 있는데 오후의 느긋한 시간을 보내기에 좋은 분위기다. 연유라테 위에 우유아이스크림을 올린 라테 추천. 커피 위에 올라간 아이스크림이 달달하면서도 부드러운 맛을 더해 준다. 전용 주차장도 마련되어 있다.

―――

조치원짬뽕(044-867-7433)은 세종시에서 가장 유명한 짬뽕집. 11시에 문을 열지만 10시 30분부터는 줄을 서야 먹을 수 있다. 짬뽕과 짜장면, 군만두와 탕수육이 메뉴의 전부다. 육수 위에 깨를 뿌려 첫맛이 부드럽다. 자극적인 매운맛이 아니라 은근히 맵다. 배달집이 아니라 소다를 적게 넣은 면발이 쫄깃하다. 짜장면도 소스와 따로 놀지 않고 잘 어우러진다. 식당 벽에 "주인이 특유의 기술로 짬뽕 맛을 살리며 장보기, 면 반죽 및 숙성 재료 손질 등 모든 과정을 직접 합니다"라고 적힌 플래카드를 붙여 놓았다. 대평시장 내에 자리한 경성칼국수(044-866-1417)는 세종시 대표 칼국숫집. 대전과 공주에서도 일부러 찾아오는 맛집이다. 얼큰이칼국수, 들깨칼국수, 바지락칼국수를 판다. 기본 메뉴는 들깨칼국수. 육수가 진하고 면발이 부드럽다. 얼큰이칼국수는 많이 맵지 않고 기분 좋은 매운맛을 낸다. 쑥갓이 한 바구니 따라 나오는데 넣어 먹으면 더 맛있다. 칼국수 나오기 전 보리밥과 열무김치도 나오는데 고추장과 참기름을 넣고 비벼 먹으면 된다. 마늘 양념을 올린 수육도 별미.

바닷가 앞 중국집 그리고
우리나라 제일 북쪽 돈가스집

동해반점과 장미경양식

> 단 한 번의 여행

우리나라 최북단 도시에 최북단 중국집이 있다. 고성군 현내면에 자리한 동해반점이다. 마을 사람들이 주로 찾았지만 최근 들어 최북단 중국집으로 알려지면서 관광객들도 제법 찾는다.

최북단 중국집이라는 것도 재미있지만 이 집이 더 좋은 건 전망 때문이다. 아마도 한국에서 가장 전망이 좋은 중국집이 아닐까 싶다. 중국집 뒤편은 바로 짙푸른 동해 바다다. 새하얀 백사장도 넓게 펼쳐져 있다. 야외로 내놓은 간이 테이블도 있는데, 바다를 보며 짜장면을 먹을 수 있다.

짜장면도 맛있지만 주메뉴는 중화볶음면이다. 대구 어느 중국집에서 직원들이 해 먹다가 손님들이 찾으면서 널리 퍼졌다고 한다. 면 위에 자작하게 볶은 매운 짬뽕 양념을 올려 준다. 오징어도 푸짐하게 들어 있고 콩나물도 아삭하다. 불맛도 난다. 이 집 탕수육도 제법 잘 나온다.

파도 소리를 들으며 짜장면 한 그릇을 다 비웠다. 바다를 바라본다. 최북단 중국집에서 맛보는 짜장면 그리고 바다. 이만하면 뭐가 더 필요할까 싶다.

거진읍에는 최북단 돈가스집도 있다. 장미경양식. 이름부터 '레트로'

스럽다. 직접 가 보면 정말 소박하다. 어릴 적 부모님 손을 잡고 가서 먹던 그런 곳이다. 메뉴는 돈가스와 치즈 돈가스 단 두 개. 벽에는 백종원을 비롯해 연예인들의 사인이 붙어 있다.

돈가스를 시키면 수프가 먼저 나온다. 고소하면서도 달콤한 그 맛. 김치와 단무지도 함께 나온다. 돈가스는 바삭하면서도 촉촉하다. 위에 뿌려진 소스는 달짝지근하다. 옥수수콘과 양배추도 함께 나온다. 옛날 생각을 하며 아이들과 함께 돈가스를 자르고 있으니, 문득 '우리는 얼마나 다행인가' 하는 생각이 든다. 이렇게 돈가스를 먹을 수 있어 우리에겐 얼마나 다행인가. 우리가 인생을 향해 착실하게 나아가고 있으며, 우리는 서로에게 접시를 밀어주며 안도할 수 있다는 그런 느낌.

―――

바다의 낭만을 가장 잘 느낄 수 있는 해변을 꼽으라면 단연 화진포 해변이다. 길이 1.7km의 모래사장은 걸어도 걸어도 끝이 나오질 않는다. 해변 뒤에 자리한 울창한 송림은 시원한 그늘을 만들어준다. 아이들은 밀려드는 파도에 쫓기는 것이 마냥 즐겁기만 하다. 강릉이나 양양, 속초의 해변에 비해 한적하다는 점도 화진포 해변의 장점이다. 아이들과 물놀이를 즐기고 싶다면 아야진 해수욕장을 추천한다. 활처럼 부드럽게 휜 백사장 북쪽에 갯바위 지대가 펼쳐진다. 모래사장이 깔린 부분은 파도가 잔잔하고 수심도 얕다. 갯바위 지대에서는 게와 조그만 물고기들이 헤엄치는 모습이 훤히 보인다.

동해반점(033-682-2210)은 1~3호점이 있다. 최북단 동해반점의 주소는 강원 고성군 현내면 한나루로 52다. 장미경양식(033-682-2084)은 오전 11시에 문을 열어 재료 소진시까지 영업한다.

고성 동해반점과 장미경양식

여기에서 딱 한 달만
살았으면 좋겠다

속초에서 보낸 게으른 시간

오래전부터 바닷가 도시에 살고 싶었다. 아침에 눈을 뜨면 바다가 보이고, 주말이면 슬리퍼를 신은 채 돗자리를 들고 집 앞 백사장으로 가 샌드위치를 먹는 삶은 어떨까.

바닷가 도시에 여행을 갈 때마다 '이 도시는 어떨까, 이 도시에 살면 어떨까' 생각하며 도시를 주의 깊게 염탐했다. 강원도의 몇몇 도시가 마음에 들었는데 가장 마음에 든 도시가 속초다.

일단 속초에는 좋은 서점이 있다. '동아서점'과 '문우당 서림' 그리고 '완벽한 날들'이다. 1956년 '동아문구사'라는 이름으로 문을 열고 책과 문구를 같이 팔던 동아서점은 '책이 날개 돋친 듯 팔리던 시절'이 있었던 것을 알고 있다. 할아버지와 아버지가 지키던 동아서점은 2000년대 이후 문을 닫을 정도로 어려워졌지만 아들과 며느리가 문을 열어 지금은 전국에서 가장 붐비는 서점 가운데 한 곳이 됐다.

동아서점에 진열된 서적만 5만 권. 주인장 김영건 씨가 신문 리뷰와 SNS 등을 참고해 직접 주문한 것이다. 창가에는 방문객들이 편하게 책을 읽다 갈 수 있도록 테이블과 의자를 놓아두었다.

동아서점에서 200미터 정도 떨어진 곳에 문우당서림이 있다. 1984

년 이민호 대표가 10평 공간에서 시작해 지금은 2층짜리 단독 건물에 자리를 잡았다. 속초 8만 시민 가운데 3만 명이 문우당서림 회원이라고 한다. 이민호 대표의 딸인 이해인 디렉터가 솜씨를 발휘한 인테리어가 눈길을 끈다. 동명동에 있는 '완벽한 날들'은 독립서점이다. 서점과 게스트하우스를 겸하고 있다.

책을 사 들고 칠성조선소살롱으로 갔다. 옛 조선소를 문화공간으로 꾸몄다. 카페도 들어서 있고 서점도 들어서 있다. 2층, 바다가 보이는 테이블에 앉아 지역 출판사가 펴낸 책 《동쪽의 밥상》을 읽는다. 동해안에서 나는 식재료와 음식에 대해 지역 작가가 쓴 글이다. 가자미를 비롯한 다양한 생선과 명태식해 등 맛있는 음식들에 대한 이야기가 책 속에 가득하다.

읽다 보니 배가 고프다. 생선구이를 먹으러 간다. 속초에는 맛있는 생선구이집이 많다. 고등어와 꽁치, 오징어, 열기, 도루묵을 숯불에 구워준다. 서울에서 먹는 생선구이와는 차원이 다르다. 속이 촉촉하게 잘 구운 생선살 한 점을 밥 위에 올린다.

밥 먹고 어디에 갈까? 속초에서 보낸 완벽한 하루. 속초에서 한 달만, 딱 한 달만 살았으면 좋겠다.

속초를 찾는 여행객들이 한 번쯤 들르는 곳이 청호동 아바이마을이다. 실향민들이 모여들어 만들어졌다. 아바이순대로 유명한데 함경도의 향토 음식으로 돼지 대창 속에 돼지고기, 찹쌀, 우거지, 숙주 등으로 속을 채워 찐 순대다. 영

금정은 속초 바다를 잘 볼 수 있는 곳. 작은 언덕 위에 같은 이름의 정자가 놓여 다들 이곳을 영금정이라고 생각하지만, 사실 영금정은 동명항의 갯바위를 일컫는 말이다. 둥글둥글 갯바위들을 타고 넘는 파도 소리가 가야금 소리와 같다고 해서 '영금'이고 정자 같은 풍류가 느껴진다고 해서 '정'자가 붙었다.

속초에 함흥냉면옥(033-633-2256)은 명태회냉면을 잘한다. 이조면옥(033-632-3181), 단천면옥(033-637-6677), 한양면옥(033-632-2875)은 속초 3대 면옥으로 불린다. 88순대국의 순댓국이 유명하다. 생선구이집으로는 88생선구이(033-633-8892), 영철네생선구이맛집(033-637-3392)이 맛있다. 속초 751샌드위치(033-633-0751)는 홍게살이 가득 들어간 홍게샌드위치를 판다. 최대섭대박김밥(033-633-8093)은 양념멍게김밥과 명태튀김김밥으로 인기를 얻고 있다.

철책선 앞 커피집
이상한 파주의 유쾌한 여행

단
한 번의
여행

 십 년째 파주에 살고 있다. 아파트 베란다에서 저녁을 맞다가 가끔 이 도시에 살고 있다는 사실에 감사하곤 한다. 이 도시에는 무려(!) 70개 가까운 도서관이 있다. 지금까지 도서관에서 책 세 권을 썼다. 이 책도 지금 도서관에서 쓰고 있다. 공원도 많아서 산책을 즐기기에도 좋다. 주말이면 샌드위치를 싸서 아이들과 함께 오후의 늦은 소풍을 가곤 한다.

 파주는 참 재미있는 곳이다. 신도시에는 젊은 부부들이 많이 산다. 출판단지가 있어 에디터와 작가들도 많이 살고 있다. 구도심에는 실향민들이 있고 이주노동자도 많다. 온갖 문화가 어우러진 곳이 파주다. 그래서 파주에 가면 조금 이상한 여행을 해 볼 수 있다. 철책선 앞에 자리한 카페에 가서 커피도 마시고 베트남 며느리가 파는 쌀국수도 먹을 수 있다. 출판단지에는 세계적인 거장의 건축물도 서 있다.

 파주에는 요즘 유행하는 '대형' 카페들이 많다. 앤드테라스는 요즘 파주에서 가장 '핫'한 카페다. 1,500평의 실내를 온갖 식물들이 가득 채우고 있다. 3층에는 건물을 가로지르는 구름다리도 놓여 있다. 자유로를 타고 끝까지 가면 임진각이다. 이곳에 카페 포비 DMZ가 있다. 사방이 통유리로 된 유리상자 같은 심플한 건물은 철책선 앞에 보초처럼 우두커니 서 있다. 실내도 미니멀하다. 커다란 탁자와 벤치 두

개가 전부다. 딴 짓 하지 말고 커피를 마시며 열심히 창밖이나 내다보라는 카페의 친절한 배려가 아닐까. 철책선 너머는 비무장지대다. 포비는 라테가 맛있다. 부드러운 라테를 마시며 철책 너머를 바라본다. 언젠가 저 철책을 넘어갈 날이 오겠지.

금촌 시장에는 '괴호엉관'이라는 다소 괴상한 이름의 쌀국수집이 있다. 베트남어로 '고향생각'이라는 뜻이다. 월남쌈과 쌀국수가 베트남식으로 나온다. 양념한 돼지고기를 밥에 올려 먹는 껌스언느엉과 족발쌀국수인 분리오후에 등이 있는데, 베트남에서 먹던 딱 그 맛이다.

파주 출판단지 북쪽 끝자락에 자리한 미메시스 아트 뮤지엄은 예술서적 전문 브랜드인 출판사 열린책들에서 지었다. 설계를 맡은 알바로 시자(Alvaro Siza)는 1992년 프리츠커상 수상자다. 이 건물은 동아일보와 건축 전문지 《월간 SPACE》가 공동으로 실시한 설문조사에서, 건축 전문가 100인이 뽑은 한국 최고의 현대 건축 16위에 꼽혔다. 물결치듯 부드럽게 이어지는 곡선 건축이 음악처럼 펼쳐진다.

미메시스에는 햇빛이 좋은 날 가야 한다. 다양한 형태의 창으로부터 들어오는 빛의 향연을 보고 있으면 왜 미메시스를 빛의 미술관이라고 부르는지 이해가 간다.

―

심학산은 파주 사람들이 즐겨 찾는 산이다. 30분이면 정상까지 오른다. 맑은 날이면 개성 송악산이 손에 잡힐 듯 가깝게 보인다. 둘레길도 만들어져 있어 주말이면 등산객들이 모인다.

심학산 주위에 음식점들이 많다. 심학산 두부마을(031-941-7760)은 파주 특산품인 파주 장단콩으로 장과 두부를 만드는 집이다. 우렁이가 들어간 강된장이 맛깔스럽다. 함께 나오는 콩나물무침, 꽈리고추 멸치볶음, 느타리버섯볶음, 취나물 올방개묵무침, 가지볶음 등도 하나같이 정갈하다. 장원막국수(031-943-9355)는 들기름막국수가 맛있다. 교하제면소(031-957-8989)는 뼈국수를 판다. 진하게 우린 육수에 칼국수 면이 담겨 있고 커다란 등뼈 하나가 얹혀 있다. 포비 DMZ(070-7774-6552)는 임진각 평화누리공원 주차장으로 들어가야 한다. 문산 덕성원(031-952-2230)은 아주 오래된 중국집이다. 잡채밥 추천. 볶음밥에 잡채를 얹어준다.

잠시 쉬어가도, 조금 달라도, 서툴러도 괜찮아

영화 〈리틀 포레스트〉 혜원의 집

단 한 번의 여행

영화 〈리틀 포레스트〉는 고된 서울 생활을 정리하고 고향으로 내려온 혜원(김태리)이 고향 미성리에서 농사를 짓고 음식을 해 먹으며 살아가는 이야기를 그린 영화다. 미성리는 시내로 나가려면 한 시간 정도는 자전거를 타고 나가야 하는 외딴 마을. 이곳에서 혜원은 자신이 직접 기른 채소로 한 끼 한 끼 정성스럽게 요리를 만들어 먹으며 그동안 자신을 짓눌렀던 삶의 무게에서 벗어나고 상처받은 몸과 마음을 치유한다. 배우 류준열이 친구 재하를 연기했다. 이가라시 다이스케라는 일본 작가의 만화를 원작으로 하고 있는데 일본에서도 이미 영화로 제작됐다.

가장 눈에 선한 장면은 혜원이 시골 고향집에 돌아온 첫날, 배추된장국을 끓여 먹던 장면이다. 혜원은 끼니를 때우기 위해 부엌 이곳저곳을 살펴보지만 반찬이라고는 아무것도 남아 있지 않다. 그나마 다행히 쌀이 조금 남아 있다. 혜원은 밥을 올려놓고 마당 한편에 있는 밭으로 가 눈을 치우고 배추 한 포기를 찾아낸다. 파도 한 줌 남아 있다. 혜원은 그것들로 배추된장국을 끓인다. 그리고 첫 숟가락을 입으로 가져간다. 이때 혜원의 표정은 뭐라고 할까, 행복감과 안도감이 함께 어우러진 표정이랄까. 영화를 보며 이토록 강렬하게 식욕을 느꼈던 장면은 처음이었다.

배추된장국 말고도 〈리틀 포레스트〉에는 다양한 요리들이 나온다. 하나같이 소박하고 정갈하다. 고추를 듬뿍 넣은 떡볶이, 홈메이드 막걸리, 우울할 때 먹으면 최고인 달달한 크렘브륄레, 양배추와 가쓰오부시로 만든 오코노미야끼 등 자연에서 난 재료들로 혜원이 만들어 낸 음식들을 보고 있으면 마음이 저절로 따뜻해지고 다정해진다.

영화를 보며 혜원의 집을 꼭 가 보고 싶었다. 나무로 만든 마룻바닥이 있고 작은 방과 부엌 하나를 가지고 있는 집. 처마에는 다홍색 홍시들이 매달려 있었다. 집 앞에는 강이 흐르고 그 강 건너에는 들판이 펼쳐진다. 영화를 보며 이런 작업실 하나 있으면 좋겠다는 생각을 내내 했던 것 같다.

영화를 본 지 몇 해가 흘렀다. 취재를 가는 길에 일부러 시간을 내어 혜원의 집에 들렀다. 영화에서 나오던 모습 그대로 서 있었다. 삐거덕 문을 열고 집 안으로 들어서자, 의자와 탁자, 씽크대, 물잔과 화병이 그대로 놓여 있었다. 금방이라도 혜원이 쟁반을 들고 나올 것만 같았다.

집 마당에 있는 평상에 오래 앉아 집을 가만히 바라보았다. 이젠 이런 작업실 하나 갖고 싶다가 아니라 이런 집 하나 지어서 살고 싶다는 마음이 생기는 나이. 인생은 여전히 녹록지 않지만 이런 집에 살면 다른 사람의 인생과 조금 달라도 괜찮을 거라는, 서툴러도 괜찮을 거라는 생각이 들었다.

화본역은 중앙선에 위치한 간이역이다. SNS에서 가장 '핫'한 간이역이다. '인생샷'을 찍기 위해 인스타그래머들이 줄을 서는 곳이다. 영화 세트장처럼 예쁜 모습이지만 실제로 서울 청량리~부전 간 열차가 하루에 상행 3회, 하행 3회 등 총 6회 정차한다. 화본역 역사의 내부를 통과해 철길 쪽으로 가기 위해서는 입장권(1,000원)을 끊어야 한다. 1930년 말 지어진 급수탑도 아직 남아 있다. 증기기관차에 물을 공급하던 시설이다.

군위이로운한우(054-382-9800)는 한우로 유명한 곳. 군위군 한우작목반이 직접 운영한다. 마블링 촘촘한 한우는 입에 들어가자마자 사르르 녹는다. 부계면 시골밥상(054-382-2776)은 누른국수로 유명하다. 배추를 슴벙하게 썰어 넣고 부추도 푸짐하게 넣는다. 전형적인 경상도 스타일의 국수다. 직접 만든 두부도 정말 맛있다.

영화 〈리틀 포레스트〉 혜원의 집

청년들이 의성에 전입신고를 했습니다

의성에서 만난 소박한 가게들

○ 단 한 번의 여행

의성에 여행을 간다고 하면 사람들이 묻는다. 거기 뭐 볼 게 있냐고. 인터넷에 의성 여행을 키워드로 검색해 보면 사실 그다지 흥미를 끄는 곳이 없다. 금성면 고분군, 조문국박물관, 의성 탑리리 오층석탑…. 음, 어딜 가야 할까.

어쩌다 보니, 올해 의성을 취재차 처음 다녀왔다. 여행작가로 일한 지 20년 만이다. 의성에 가서 느낀 건 이 동네 참 재미있다는 것. 의성에 내려온 젊은이들이 만든 소박하고 즐거운 가게가 몇 곳 있다.

먼저, 안사우정국. 폐건물이었던 '안사우체국'을 새롭게 꾸며 레스토랑으로 열었다. 의성에서 생산되는 식재료들을 이용해 만든 한식 플래터를 낸다. 겉은 누가 보기에도 우체국 건물. 처음 가는 사람들은 한참 동안 식당으로 보이는 건물을 찾아 헤매기도 한다. 건물 안으로 들어가면 말끔한 식당으로 꾸며져 있다. 옛 우체국 시설을 그대로 활용해 주방을 만들었다. 우체국 금고도 그대로 남아 있는데, 이는 곧 고기 숙성실로 꾸밀 예정이라고 한다. 메뉴도 앞으로 더 늘어날 것이라고 한다. 다음에 또 와야 할 이유가 생겼다.

'프로젝트 담다'는 청년들이 수제 비누와 엽서를 만들어 파는 조그만 편집숍이다. 의성 안계평야에서 영감을 받아서 만든 비누는 쓰기 아까울 정도로 예쁘다. 안계평야의 낮과 노을, 밤을 각각 표현한 비누 3개들이 한 세트가 2만 5천 원이다. 바나나, 치즈, 계란프라이 등 다양한 모양의 비누도 가지고 싶은 마음이 들게 한다. 의성군의 가게와 풍경을 담은 엽서도 기념품 삼아 사 오기 좋다. 아 참, 프로젝트 담다는 의성에 살면서 농촌체험과 다양한 지역 활동을 경험하는 '청춘구행복동'이라는 사업 1기에 참여했던 대구 청년 3명이 모여 창업을 했다. 지금은 의성군으로 전입신고를 한 어엿한 의성군민이다.

맛있는 수제 맥줏집도 있다. 프로젝트 담다에서 걸어서 5분 거리에 있는 '호피 홀리데이'는 수제 맥주를 살 수도 있고 맥주 만들기 체험도 해 볼 수 있다. 호피라는 이름은 호랑이 가죽이 아니다. 맥주를 만들 때 홉의 향이 잘 느껴지는 순간을 '호피'라고 한다고. 호피 홀리데이는 맥주에 푹 빠져 휴식을 즐긴다는 뜻이다. 이곳에서는 수입산 홉을 사용하는 것이 아니라 가까운 곳에 위치한 홉 재배 농장인 '홉이든'에서 직접 가져온다. 호피 홀리데이 마당에도 조그만 홉밭이 있다. 라거와 IPA 등 다양한 맛의 맥주를 판매한다.

나만 알고 있는 유쾌하고 즐거운 가게들이 가득한 곳 의성. 의성에 여행을 꼭 가야 할 이유다.

―

산운마을은 시간의 깊이를 느낄 수 있는 한옥마을이다. 기와집 사이로 흘러가는 돌담길도 그윽하다. 사촌마을도 산운마을과 비슷한 느낌이지만 조금 더 개방적이다.

의성읍에 있는 달라스햄버거(054-833-8079)는 '옛 맛'을 느낄 수 있는 햄버거 집이다. 가게 외관은 옛 분식집 같은 느낌. 햄버거에는 마요네즈를 듬뿍 바른 양배추가 가득 들어있다. 소스는 기본적으로 케첩과 마요네즈의 조합이다. 패티도 부드럽고 푸짐하다. 논산칼국수(054-832-2339)는 탑리시장에 있다. 짙은 맛의 바지락칼국수로 유명한 곳. 양은그릇에 내주는 비빔밥도 맛있다. 양이 정말 푸짐하다.

가을 앞에서 느끼는 쓸쓸함은 황사처럼 딱히 대책이 없다. 마스크를 쓰고 황사를 피해 도망가는 것밖에는. 결국 군산으로 가기로 했다. 서울에 있는 집에 '가끔씩 자리 들르는' 주위의 여행하는 인간들에게 전화를 돌렸더랬다. 어디론가 가야 할 거 같아. 철길이 있고 예쁜 창문을 볼 수 있다면 더 좋을 것 같아.

모두들 군산으로 가라고 했다. 비좁은 판자집촌을 지나는 철길이 있고 그 철길은 밤이면 달빛을 받아 어슴푸레 빛난다고 했다. 담쟁이덩굴이 기어오르는 시멘트벽이 있고 빨간 벽에는 자전거가 기대어 있다고 했다. 저녁별이 돋을 무렵 서울을 떠났고 지독한 정체를 고스란히 겪은 후 군산에 도착했다. 한밤중이었다.

언제가 책에 이렇게 쓴 적이 있다. "우리가 외롭고 슬프고 쓸쓸할 때, 우리가 달려가야 할 곳은 차가운 바다이거나 끝없이 흘러가는 철길 곁인지도 모른다. 우리를 위로해 주는 것은 수평선 너머에서 불어오는 바람이거나 가슴을 울리고 가는 기차 바퀴의 덜컹거림일 수도 있으니"라고. 그리고 군산은 그런 것들이 있는 곳이다.

우물처럼 고요하고 약간은 쓸쓸한 ──

군산은 그런 곳이었다. 낮은 건물들과 조용한 거리. 네온사인은 겨우 10시가 되었을 뿐인데도 모조리 꺼져 있었다. 군산의 밤은 우물처럼 고요했고 평화로웠으며 약간은 쓸쓸했다. 항구 도시의 시끌벅적함과 번잡함은 찾아볼 수 없었다. 언제 왔는지 모르게 조용히 곁으로 다가와 어깨를 툭 치고 가는, 재미있는 이야기를 하면 쿡 하고 수줍게 웃어주는 그런 사람을 닮아 있었다. 하지만 옆모습은 외로운 그런 사람. 경안동으로 향했다. 군산 이마트 건너편에 자리한 마을. 흔히 철길마을이라고 불린다. 참 묘한 풍경을 지닌 곳. 양편으로 판잣집이 늘어서 있는데 기찻길이 비좁은 판잣집 사이를 시냇물처럼 흘러간다.

밤의 철길마을은 가로등이 달빛 대신 철길을 비추고 있었다. 달빛을 받은 철길은 30촉 백열등의 필라멘트처럼 반짝였다. 뒷짐을 지고 철길을 서성댔다. 여행이라는 게 결국 서성대는 거, 그리고 기웃거리는 거 아닐까. '담 너머에 뭐가 있나' 하고 궁금해 하는 거. 그러면서 내 삶을 흠칫 뒤돌아보는 거. 뭐, 이런 생각을 하면서.

마을 근처에서 하룻밤을 보내고 다음 날 아침 철길마을을 다시 찾았다. 마을의 내력은 이러하다. 원래 경안동 일대는 바다였다. 육지로 변하게 된 것은 일제 강점기 시절. 일본인들이 매립해 방직공장을 지었다. 해방 후에는 정부에서 관리했다. 황무지나 다름없었다. 땅 주인이 따로 없었기에 갈 곳 없는 가난한 사람들이 자연스럽게 모여들기 시작했다.

철길이 놓인 때는 1944년 4월 4일. 군산시 조촌동에 소재한 신문용지 제조업체 '페이퍼코리아'사의 생산품과 원료를 실어 나르기 위해 만들었다. 철길의 정식 이름은 페이퍼코리아선. 페이퍼코리아 공장과 군산역을 잇는다. 총 길이는 2.5km다. 이 가운데 철길마을 사이를 통과하는 구간은 경암사거리에서 원스톱 주유소에 이르는 약 1.1km다.

철길이 놓이자 사람들이 몰려들었다. 철로 변에 빼곡히 오막집을 지었다. 1970년대 새마을 운동을 거치며 전기와 수도가 들어왔다. 원래는 국유지였지만 묵인을 해줬다고 한다. 현재 철길마을에 모여 있는 집은 오십여 채 정도. 살고 있는 가구는 서른 가구 남짓에 불과하다. 이삼년 전만 해도 북적이던 마을은 사람들이 떠나가면서 적막해지고 있다. 마을 사람들은 토지 점유의 대가로 지금도 세금을 내고 있다.

아쉽게도 지금은 기차가 다니는 모습은 볼 수 없다. 2008년 7월 1일부터 통행이 멈췄다. 5~10량의 컨테이너와 박스 차량을 연결한 디젤 기관차가 오전 8시 30분~9시 30분, 오전 10시 30분~낮 12시 사이에 마을을 지났다. 시속 10km 정도의 느린 속도였다. 마을 구간에 차단기가 있는 곳과 없는 곳 모두를 합쳐 건널목이 열한 개나 되고 사람 사는 동네를 지나야 하니 빨리 달리지 못했다. 기차가 달리는 동안 역무원 세 명이 기차 앞에 타고 호루라기를 불고 고함을 쳐대며 사람들의 접근을 막았다. 기차가 지나는 사이 주민들은 화분도 들이고 강아지도 집으로 불러들이곤 했다.

"기차가 지나갈 때면 땅이 흔들렸지. 화분을 들이고 솥단지를 거두어 들였어. 강아지도, 아이들도 집으로 불러들였지. 열차에 부딪혀 문짝이 날아가기도 했네 그려." 철길마을에서 만난 노인은 이렇게 말했다.

집이든 물건이든 그리고 사람이든 쓸모가 없어진 것들은 급속도로 낡아간다. 버려진 철로에는 붉은 녹이 두텁게 덮였다. 잡풀도 무성하다. 마을 가운데 건널목에 서 있는 '선로로 무단 통행하거나 철도용지를 무단으로 출입하면 2년 이하의 징역이나 1천만 원 이하의 벌금'이라는 군산역장 경고문이 한때 기차가 다녔음을 말해주고 있을 뿐이다.

달콤한 단팥빵, 달달한 가을날 ──

철길마을에서 나와 이성당으로 향했다. 가을의 마지막 여행. 달달한 단팥빵을 먹으며 달달한 하루를 보내는 것도 나쁘지 않다 싶었다.

오전 10시 무렵인데도 빵집 안은 빵을 사러 온 사람들로 가득했다. 그들이 들고 있는 쟁반에는 단팥빵과 야채빵이 가득 담겨 있었다. 중앙로 1가 옛 시청 건물 맞은편에 자리한 이성당은 일제 강점기인 1920년대 일본인이 운영하던 '이즈모야'라는 화과점에서 출발했는데, 1945년 해방 직후 한국인 이모 씨가 가게를 인수하면서 이성당 간판으로 바꿔 달았다. 이성당은 '이(李)씨 성(姓)을 가진 사람이 운영하는 빵집(堂)'이라는 뜻. 그러다 지난해 작고한 오남례씨 부부가 사들여 운영했고 지금은 오씨의 며느리 김현주 씨가 운영하고 있다.

지방 소도시에 있다고 작고 한적한 빵집을 상상했다면 큰 오산이다. 문을 열고 가게에 들어선 순간 수십 명은 족히 넘는 엄청난 인파가

길게 줄을 늘어선 모습에 놀란다. 이성당의 최고 인기메뉴는 단팥빵과 야채빵이다. '단팥빵이 거기서 거기지'하고 대수롭지 않게 생각했다가 직접 먹어 보면 '아! 역시'하고 고개를 끄덕이게 된다. 100% 쌀가루 반죽에 달지 않고 부드러운 단팥을 잔뜩 넣었다. 각종 야채를 고소한 소스에 버무려 속을 채운 야채빵 역시 겉을 싼 빵보다 속이 더 많다. 아침 7시 반부터 3시간마다 나오는데 나오자마자 매진이다.

단팥빵을 가득 사서 배낭에 넣었다. 그리고 그 단팥빵들을 조금씩 아껴 먹으며 군산을 걸었다. 군산은 스니커즈에 어울리는 도시, 슬렁슬렁 걸으며 여행하기 좋은 도시. 어깨에 내려앉는 만추의 햇살은 밀가루처럼 부드러웠고 입술에 닿는 만추의 바람은 단팥처럼 달았다.

이성당에서 십여 분 걸어가면 히로쓰 가옥이다. 군산에서 큰 포목점을 하며 돈을 벌었던 히로쓰가 지은 건물로 일본 무사들의 고급주택인 야시키 형식의 대형 목조주택 형식으로 지어졌다. 전형적인 다다미방과 편복도, 일본 붙박이장인 오시이레와 손님을 맞는 도코노마 등 대규모 일식 가옥의 형태를 그대로 보존하고 있다. 재미있는 사실 하나. 마룻바닥을 걷다 보면 유난히 삐걱거리는 소리가 크게 나는 지점이 있다. 이곳이 바로 히로쓰의 방문 앞이다. 이는 무사 가옥의 특징인데, 삐걱거리는 소리는 자객의 침입을 알려주는 역할을 한다고. 히로쓰 가옥은 임권택 감독의 영화 〈장군의 아들〉에서 야쿠자 두목 하야시의 집으로 등장하기도 했다. 영화 〈타짜〉에서 극 중 백윤식이 조승우에게 '기술'을 가르치던 집도 바로 이곳이었다.

히로쓰 가옥을 지나면 동국사에 닿는다. 우리나라에 유일하게 남아 있는 일본식 사찰이다. 정면 5칸, 측면 5칸, 가파른 단층식 팔작지붕을 이고 있는 이 절은 다다미로 만든 대웅전과 요사채가 함께 있어 우리나라의 사찰과는 전혀 다른 느낌을 준다.

동국사 범종루 앞에 앉아 가을 바람에 흔들리는 풍경소리를 들으며 다시 단팥빵 한 입을 베어먹고 내항 쪽으로 간다. 작은 포구에 지나지 않았던 군산은 일제 강점기, 일본인이 호남평야에서 생산된 쌀과 물자를 일본으로 실어 나르는 항구로 개발하면서 번성한다. 군산 내항이 자리했던 장미동은 꽃 이름이 아니라, 쌀을 저장(장미藏米)하는 마을이라는 뜻. 지금도 장미동에는 호남평야의 쌀이 정미소에서 가공돼 일본으로 송출되고 금융조합을 통해 돈으로 환산돼 유통되던 과거의 흔적과 현재가 공존하고 있다.

군산의 이런 독특한 분위기 때문인지 많은 영화를 찍었는데, 대표작이 한국 멜로 영화의 역사에 남을 〈8월의 크리스마스〉다. 영화의 대부분을 군산에서 촬영했는데, 월명공원으로 가는 언덕 길목에 영화를 촬영한 초원사진관이 그 모습 그대로 남아 있다.

몇 해 전, 군산을 찾았을 때와는 많이 변했다. 어수선하던 내항은 산뜻하게 재단장했다. 제18은행 군산지점은 근대미술관으로 탈바꿈했고, 일본 농장주들이 쌀을 수탈해 저장했던 시마타니농장의 창고는 다목적 소극장으로 변신했다. 이들 여러 건물 가운데 가장 돋보이는 건 구 군산세관 건물이다. 1990년대까지 실제 세관 건물로 사용됐지만 지금은 군산의 100년 역사를 알려 주는 사진들과 물품을 전시하고 있다.

다시 여기는 야미도라는 작은 섬이다. 새만금 방조제를 달려 닿는 첫 섬. 가을 햇살이 폭포처럼 쏟아져 내리는 바다를 볼 수 있는 곳이다. 방파제에는 낚시꾼들이 끊임없이 바다를 향해 낚싯대를 던지고 있다. 그들을 바라보며 방파제에 앉아 배낭에 넣어 두었던 단팥빵을 한 입 베어 문다. 입 속에 가득 차는 달콤함. 배낭 속에 든 단팥빵을 만지작거리며 생각한다. 지금은 11월, 가을은 아직 가지 않았고 배낭 속에 든 단팥빵처럼 우리에겐 더 많은 인연과 사랑 그리고 여행의 기회가 있다고.

―――

복성루(063-445-8412)는 1973년에 개업한 집이다. 우리나라 5대 짬뽕집(복성루, 강릉 교동반점, 공주 동해원, 평택 영빈루, 대구 진흥반점)으로 불리며 전국에서 손님들이 몰려든다. 완주옥(063-445-2644)은 60년 내력을 자랑한다. 떡갈비와 곰탕이 주메뉴. 떡갈비는 주방의 연탄불 직화로 굽는데, 보통 떡갈비와는 달리 이 집 떡갈비는 고기를 저며서 구워낸다. 한일옥(063-446-5502)은 소고기무국 하나로 명성을 쌓은 군산의 기사식당. 말간 소고기 국물에 소고기와 무가 푸짐하게 담겨 있다. 올리브튀김(063-445-0829)의 새우튀김과 오징어튀김도 꼭 드셔 보시길. 깨끗한 기름을 사용해 바삭하게 튀긴다. 치킨도 있다.

우리가 시와 함께
여행하는 법

새비재와 몰운대 지나 만항재까지

차는 영동고속도로를 달리고 있다. 정선 가는 길이다. 이번 여정은 길다. 새비재와 함백역, 정암사, 만항재를 지나 몰운대에 닿는다. 함백산 만항재는 이 땅에서 가장 높은 도로인 414번 지방도가 있는 곳이다. 해발 1,300미터. 정선 고한읍에서 만항재를 잇는 11.28km를 20여 분 동안 자동차를 타고 구름 속을 달려 보는 경험을 할 수 있다.

10년 전인가, 이 길을 달렸던 적이 있다. 늦가을, 그러니까 낙우송이 노랗게 물들어 가고 있던 때였다. 몰운대에는 언뜻언뜻 단풍이 비쳤던가, 오대천에는 물안개가 피어올랐던가, 기억이 가뭇하다. 화암약수에서 들이켰던 약수 한 사발이 시원했던 것 같다. 새벽의 도로는 짙은 운무에 휩싸여 있었고, 나는 자동차 비상등을 켜고 굽이치는 길을 올랐다. 그때의 짜릿한 기분을 잊지 못하고 지금 다시 그 길을 짚어 가고 있다.

중앙고속도로 제천IC로 나와 올라탄 38번 국도는 영월을 지나 정선 신동 삼거리에서 함백, 예미 방향을 따른다. 여기서부터 421번 지방도. 이 길은 새비재로 향한다. 길은 S자로 비틀거린다. 스쳐가는 산에 심긴 나무들은 모두 전나무며 낙우송이다. 그 사이에 언뜻언뜻 흰 자작나무숲이 섬처럼 떠 있다.

새비재에 도착했다. 주변 산세가 새가 날아가는 형상이라 해 붙은 이름이다. 전지현과 차태현이 주연한 영화 〈엽기적인 그녀〉의 배경이었다. 영화에서 '그녀'(전지현 분)가 '견우'(차태현 분)와 함께 타임캡슐을 묻었던 곳이다. 새비재의 해발은 850m밖에 되지 않지만 공원에서 바라보는 풍광은 1000m급 못지않다. 정선 최고봉인 두위봉(1,466m)을 비롯한 고산준봉들이 사방으로 어깨를 걸고 물결친다.

이 풍광을 바라보며 사람들은 농사를 짓는다. 새비재는 정선의 대표적인 고랭지 배추밭. 이제 막 배추를 심은 푸른 배추밭과 수확을 끝낸 황토색 배추밭, 옥수수밭, 메밀밭 등이 어울려 패치워크 작품을 보는 것만 같다.

새비재에서 내려오면 노란색 칠을 한 예쁜 간이역인 함백역과 만난다. 1957년 3월, 영월~함백을 잇는 함백선의 개통과 함께 문을 열었다. 역 뒤편으로 돌아가면 철로가 놓여 있다. 철길을 따라 걸으며 함백역의 옛 풍경을 상상해 본다. 바람이 낡은 창틀을 흔들며 지나가고 시계는 멈춘 지 오래. 뿌연 유리창 너머 늙은 역무원은 턱을 괴고 졸고 있었을 것이다. 사람들은 대합실에서 기차를 기다린다. 누군가는 졸음에 고개를 꾸벅이고, 누군가는 망연히 담배를 피운다. 누군가는 텅 빈 철길을 바라보며 멍하니 앉아 있다.

기차가 서지 않는 오래된 역의 벤치에 앉아 우리가 할 수 있는 일이야 뻔하지 않을까. 겨우 세월을 탓하고 추억이나 곱씹을 수밖에. 하지만 그것이 오히려 고맙고 소중한 일일 줄이야. 간이역이 아니라면 언제 우리가 그런 시간을 마음 놓고 가질 수 있기나 할런가.

함백역을 나와 수리재를 넘는다. 오른쪽 차창으로 고원의 풍경이 펼쳐진다. 이 길을 따라가면 소금강이 펼쳐 보이는 그림 같은 풍경 속으로 들어선다. 풍경의 빼어남이 금강산에 뒤지지 않아 소금강이라 이름 붙었다. 소금강의 선경 중에서도 몰운대는 특별히 아름답다. 몰운대는 조양강으로 흘러드는 어천 가에 우뚝 솟은 수십 길 절벽. 절벽 꼭대기에서는 산속으로 휘어 들어가는 계곡이 한눈에 들어온다. 황동규 시인은 아마도 이 절벽 꼭대기에 앉아 〈몰운대행〉을 읊조렸을 것이다. 수백 척의 암석을 깎아 세운 듯한 절벽 위에 5백 년이 넘은 노송이 버티고 있다.

"몰운대는 꽃가루 하나가 강물 위에 떨어지는 소리가 엿보이는 그런 고요한 절벽이었습니다. 그 끝에서 저녁이 깊어가는 것도 잊고 앉아 있었습니다. (…) 온몸이 젖어 앉아 있었습니다. 도무지 혼자 있는 것 같지 않았습니다."

몰운대의 선경에 반한 시인은 황동규만이 아니었다. 문인수 시인도 박정대 시인도 몰운대로 왔다. 문인수는 "어디로든 가고 싶다, 가고 싶지 않다./ 그런 물이 바람이 또 새들이/ 해질 때까지 저 아래 감돌며 있다"고 했고, 박정대는 "세상의 끝을 보려고 몰운대에 갔었네 깎아지른 절벽 아래로 사랑보다 더 깊은 눈이 내리고, 눈이 내리고 있었네 (…) 강물은 부드러운 손길로 몰운대를 껴안고 그곳에서 나의 그리움은 새롭게 시작되었네"라고 노래했다.

몰운대는 그런 곳이다. 모든 시인들이 고요히, 무심히 앉아 있고 싶은 곳. 자연이라는 커다란 거울에 자신을 비춰보고 싶은 곳. 우리가 우리를 스르르 내려놓고 싶을 때, 스스로를 돌아보고 싶을 때, 아득한 절망에서 벗어나고 싶을 때, 풍경 만한 가르침이 어디 있을까.

몰운대에서 내려와 정암사로 향한다. 신라 선덕여왕 14년(645)에 자장율사가 창건한 고찰이다. 부처의 진신사리를 모신 국내 5대 적멸보궁 중 하나다. 종각 뒤로 돌아가면 적멸궁이 있다. 적멸궁은 '부처님이 열반에 들어 항상 머물러 계시는 궁전'이라는 의미다.

정암사에서 만항재가 지척이다. 만항재 정상은 해발 1,330미터. 우리나라에서 승용차로 오를 수 있는 포장도로 중 가장 높다. 구름도 쉽사리 이 고개를 넘지 못한다. 정상은 꽃밭이다. '산상의 화원'이란 이름으로 약 10만 평의 야생화 정원이 조성되어 있다. 봄부터 가을까지는 꽃들이 만발한다. 지금도 산나리며 노랑투구꽃, 어소리, 자주꽃방망이, 산 솜방망이, 동자꽃 등 이름처럼 예쁜 꽃들이 피어있다.

안개와 구름이 물러가고 햇빛이 쏟아져 들어오고…… 야생화 사이를 산책하다 만난, 햇빛을 흠뻑 받아들이고 있는 한 그루 나무 앞에서 비로소 계절이 바뀌고 있음을 실감한다. 세계가 구석구석까지 아름다울 필요는 없겠지만 오늘만은 이런 평화로운 풍경 앞에서 발걸음을 멈추고 깊은 호흡을 하고 싶다. 그리고 9월에는 자신이 상처받고 싶지 않은 것과 마찬가지로 이제 더 이상 어느 누구에게도 상처를 주고 싶지 않다고 생각해 본다. 이 숲처럼, 이 숲처럼.

정선 새비재와 몰운대 지나 만항재까지

정선 5일장은 역사가 깊다. 정선은 동강 상류인 조양강과 평창강이 흐르는 수상교통의 요지. 골지천에서 내려오는 아우라지에 뗏목을 띄워 한강으로 물길 여행을 하던 떼꾼들이 모여들면서 자연스럽게 장이 열렸다. 재래시장이었지만 지금은 지붕을 얹고 '신식'으로 새단장 했다.

시장 한쪽에는 먹자골목이 들어서 있다. 솥뚜껑을 뒤엎어 메밀전병을 굽고 있고 콧등치기 국수를 만들고 있다.
콧등치기는 국수 가락이 억세서 먹을 때 콧등을 친다고 해서 붙여진 이름이다. 메밀전병은 김치와 고춧가루, 파, 마늘 등을 속에 넣고 메밀부침에 돌돌 만 것이다. 맵싸한 맛과 메밀의 구수한 맛이 일품이다. 시장에 동면집(033-562-0506), 별미집(033-562-1474), 여량집(033-563-0503) 등이 줄지어 있다.

중국집에서
돼지갈비를 먹었습니다

송학반장과 광덕빗자루공예사

> 단 한 번의 여행

제천 명동에 '송학반장'(松鶴飯莊)이라는 화상 중화요리집이 있다. 65년 된 노포다. 제천 시민이라면 모르는 이가 없다. '송학반점'으로도 부르는데 등록 당시 공무원의 착각 때문에 두 상호가 혼용되고 있다. 예전에 제천에서는 가장 큰 중국집이었는데 그래서 이름에 크다는 뜻의 '장' 자를 붙였다고 한다.

문을 열고 들어서면 가장 먼저 눈에 띄는 것이 커다란 어항이다. 옛날 화교가 운영하던 중국집에는 꼭 어항이 있었는데 어항 속에는 대부분 관상용 비단잉어가 유유히 헤엄치고 있었다. 벽에 붙은 메뉴판에는 점점 사라져 가고 있는 울면, 기스면도 붙어 있다.

이 집의 대표 메뉴는 깐풍갈비다. 튀긴 돼지갈비 위에 소스를 얹어 낸 요리다. 탕수육과 비슷한데 마늘 맛이 강하게 난다. 달지 않아 식초를 섞은 간장에 찍어 먹으면 좋다. 작고한 고 기고훈 옹이 만들어 팔기 시작했다. 지금 송학반장은 아들 기수봉씨가 물려받아 운영하고 있다.

허락을 받고 주방을 살짝 엿보았다. 입구에 커다란 나무 도마가 있었다. 바가지 하나만큼 움푹 패어 있어서 얼마나 사용했는지 여쭈니 고작 8개월 됐다는 답이 돌아왔다. 돼지갈비를 손질하다 보니 그렇단

다. "칼로 뼈를 내리치다 보니 도마가 이렇게 패이는 거지. 소나무로 만들어도 일 년도 못 써요."

주방장은 칼질을 하기 전 사기그릇을 엎어 놓고 슥삭슥삭 칼을 갈았다. 사기그릇 아래에는 바닥이 닿는 부위가 동그랗게 테두리로 만들어져 있다. 이 부분은 코팅이 안 되어 있기 때문에 칼날을 대고 몇 번 왔다 갔다 하면 칼이 잘 들게 된다. 머그컵을 사용해도 된다. 주방 안쪽에 아이 키만 한 도마가 있었는데 몇십 년 사용한 것이라고 했다. 지금은 사용하지 않는다고 한다.

돼지갈비와 짜장면을 시켰다. 면은 소다를 첨가하지 않아 흰색을 띠고 있었다. 소스가 찐득하지 않고 달지 않아 좋았다. 기억 속에 처음 먹었던 짜장면 값이 400원이다. 목욕탕도 어린이는 400원이었는데, 천 원짜리 한 장을 들고 목욕도 하고 짜장면을 먹었던 기억이 있다. 송학반장 짜장면을 먹는 순간 어릴 적 먹던 400원짜리 짜장면이 떠올랐다.

왕만두도 맛있다. 어른 주먹만 하다. 한국식 만두보다는 중국의 '바오즈'(包子)에 가깝다. 뭉텅뭉텅 썰어 낸 고기와 부추가 들어있다. 한 입 베어 물면 입 속에 육향이 가득찬다. 간은 조금 심심한 편이다.

제천에는 갈대와 수수로 빗자루를 만드는 집이 아직 남아 있다. '광덕빗자루공예사' 이동균 명인은 68년째 빗자루 하나하나를 일일이 손으로 만들고 있다. 어릴 적 방과 마당을 쓸던 그 수수빗자루인데 하루에 하나 정도를 만들 수 있다고 한다.

송학반점 주인에게 물었다. "아드님이 물려받으시면 3대째이겠군요." 주인은 물려주지 않을 것이라고 단호하게 대답했다. "힘든 일을 왜 시켜요. 지도 안 하려고 하고." 인근의 다른 중국집들이 송학반점의 돼지갈비 튀김을 카피해 팔고 있다고 한다. 훗날 송학반장이 문을 닫으면 진짜 '원조' 집이 사라지는 셈이다. 광덕빗자루공예사도 이동균 명인에서 대가 끊길 확률이 높다. 빗자루를 팔아서는 생활하기 어려워 대를 이을 사람이 없기 때문이다. "빗자루 팔아서 밥 못 먹고 살아요. 아들은 회사에 다니고 있어요."

힘들고 돈이 되지 않는 일을 보존이라는 명분만 앞세워 억지로 하라고 할 수는 없는 일이다. 하지만 아쉬움이 생기는 것도 또 어쩔 수 없는 일이다. 부지런히 먹어두고 하나쯤 사 두는 수밖에는.

―――

제천 시내 고암동에 자리 잡은 비행장. 1950년 훈련장으로 건설됐고 민간 항공기까지 뜨고 내릴 정도로 규모가 있었지만, 지금은 비행장보다 시민 공원에 가까운 기능을 하고 있다. 방탄소년단(BTS)의 뮤직비디오 촬영지였던 것이 뒤늦게 알려지면서 BTS 성지로 떠오르고 있다.

제천에 시골순두부(043-643-9522)라는 두부집이 있다. 예전에 비닐하우스에서 직접 두부를 만들어 팔다가 지금은 유명해졌다. 산초기름에 구운 두부와 두부찌개가 맛있다. 장원순대(043-647-8266)의 순대국밥도 맛보자. 순대와 머릿고기가 푸짐하게 들어있고 오랫동안 우려낸 국물은 진하고 구수하다. 오성통닭(043-652-3214)은 야채통닭이 유명하다. 대림갈비(043-643-0866)는 제천 시민들이 애정하는 갈빗집이다. 1층에는 돼지갈비를 2층에는 한우갈비를 판다. 300그램에 1만 5천 원. 맛도 맛이지만 양도 푸짐하다.

"몸 안에 한 그루 푸른 나무를 숨 쉬게 하는 일"
지리산 둘레길

이 글을 쓰는 곳은 전남 구례의 어느 민박집이다. 오늘 하루 지리산 둘레길 오미~난동 구간을 걸었다. 지리산 둘레길 구간 가운데 구례에는 산동~주천, 방광~산동, 오미~방광, 오미~난동 등 4개 구간이 있다. 오늘 걸은 오미~난동 구간은 토지면 오지리 오미마을에서 시작해 광의면 온당리 난동마을에서 끝난다. 길이는 약 19km. 어른 걸음으로 대략 7시간 정도가 걸린다. 물론 이곳저곳 기웃거리다 보면 더 걸릴 수도 있다. 크고 작은 마을들과 조선 시대 3대 명당자리로 불리는 운조루와 조선 후기 건축양식을 잘 보여주는 곡전재 등이 이 코스 위에 놓여 있다. 막걸리 한 잔 걸치기 좋은 정겨운 식당도 있으니 꼭 한 번 가보시기 바란다.

전주를 지나 구례 초입에 들어서니 하늘은 눈이 시리도록 푸르다. 어느새 가을은 코앞까지 다가와 있는 듯하다. 지리산 사이로 흘러가는 섬진강은 사금파리를 뿌려놓은 듯 반짝인다. 오미~난동 구간의 시작점인 오미마을로 곧장 가지 않고 사성암 방면으로 슬쩍 방향을 틀었다. 구례 초입에 자리한 사성암은 섬진강과 지리산의 풍경을 가장 잘 볼 수 있는 곳이다. 걷기 전 가슴이 탁 트이는 풍경을 보고 가는 것도 좋을 듯해서다.

사성암은 백제 성왕 22년(544)에 연기조사가 창건했다. 본래 오산에 있는 암자라고 해서 오산암이었으나 원효, 의상, 도선, 진각 등 4명의 고승이 여기서 수행했다고 해서 사성암으로 불리게 됐다. 까마득한 절벽에 위태롭게 들어선 모습이 탄성을 자아낸다. 하지만 절벽에 아슬아슬하게 들어선 암자의 모습보다는 이곳에서 바라보는 풍경이 더욱 절경이다. 지리산 아래 고만고만하게 들어선 마을들과 섬진강, 강 건너편 구례읍, 지리산의 연봉들이 파노라마로 펼쳐진다.

사성암에서 내려와 오미마을에 도착했다. 힘껏 심호흡을 하니 맑고 상쾌한 공기가 가슴 깊이 밀물치듯 몰려온다. 지리산 자락이라 그런지 불어오는 바람이 제법 시원하다. 바람을 맞는 피부에도 솜털이 오소소 돋는다.

지리산 둘레길 오미마을의 시작점은 운조루다. 조선조 영조 때 삼수부사를 지낸 유이주(1726~1797)가 지은 가옥이다. 풍수지리학적으로 최고의 명당터라는 '금환락지'에 자리잡고 있다. 선녀가 지상으로 내려와 목욕을 한 뒤 다시 하늘로 날아오르다 금가락지를 떨어뜨린 길지라는 뜻이다. 부귀영화가 샘물처럼 마르지 않는 풍요로운 곳이라고 한다.

운조루는 쌀 두 가마 반이 들어가는 통나무 쌀 뒤주와 난쟁이 굴뚝으로 오가는 사람들을 불러들인다. 행랑채에 커다란 나무 뒤주가 있는데 이 뒤주 아래에 붙은 구멍 마개에는 '타인능해'(他人能解)라는 붓글씨가 또렷하게 씌어 있다. '아무라도 마개를 풀어 쌀을 가져가라'는 뜻이다. 운조루 주인은 집 앞 2만여 평의 논에서 쌀 200여 가마를 추수하여 그중 36가마를 끼니 마련이 어려운 이웃에 나눠주었다고 한

다. 가난한 이들에게 나눔을 베푼 상징물이다. 운조루의 굴뚝도 낮다. 이는 밥 짓는 연기가 담을 넘어가지 못하도록 하기 위함이다. 굶고 있는 이웃들이 부잣집의 밥 짓는 연기를 보면 적개심이 생길 수밖에 없기 때문이다. 운조루 아래 자리한 곡전재도 조선 시대의 한옥이다. 담쟁이덩굴이 가득 뒤덮은 돌담이 멋스럽다.

오미마을에서 나오면 길은 용두마을로 이어진다. 마을은 한적하다. 사람들은 저마다 들판에 나가 농사일로 바쁜 모양이다. 벌들이 잉잉거리며 돌담길을 날아다닌다. 까만 돌담길을 늘어진 능소화가 환하게 밝히고 있다. 갈림길마다 둘레길 표지가 세워져 있고 바닥에도 화살표가 그려져 있는 까닭에 복잡한 마을에서도 길을 잃을 염려가 없다.

용두마을을 빠져나온 길은 구례읍으로 접어들어 서시천 산책로로 이어진다. 이 길을 따라가면 구례 실내 체육관 옆에 '지리산둘레길 구례센터'에 닿는다. 이곳에서 구례 구간 정보와 길 안내를 받을 수 있다.

이맘때쯤 배가 출출해질 것인데, 막걸리 한 사발 걸치며 쉬어가기 좋은 곳이 있다. 읍내에 자리한 동아식당이다. 가오리찜과 족발탕을 판다. 식당은 허름하다. 후다닥 지은 철제 조립식 건물이다. 벽에는 '동아식당'이라고 쓴 간판 두 개가 나란히 붙어 있다. 하나는 옛날집의 간판이고 하나는 새 간판이다.

"집주인이 건물을 헐고 새로 짓는다고 해서 옮겼어. 구례로 귀농한 분들이 간판을 떼어다가 붙여줬어." 김길엽 할머니는 "이사간다니까 단골손님들이 몰려와 탁자며 의자를 다 옮겨 주었다"고 했다.

동아식당을 찾은 이들이 주로 시키는 음식은 가오리찜과 족발탕이다. 전골냄비 뚜껑만 한 가오리를 꼬들꼬들하게 말린 후 파, 부추, 당근, 고추 등을 얹어 이십여 분을 찐다. 한쪽에는 부추가 잔뜩 놓여 있다. 간재미찜, 홍어찜과는 또 다른 맛이다. 심심한 듯하지만 자꾸만 젓가락이 간다. 족발탕도 압권. 뽀얀 국물에 족발이 가득 들어있다. 양도 푸짐해서 한 냄비면 네 사람이 먹어도 충분하다. 라면 사리를 넣어 끓여 먹어도 된다.

자, 이제 배를 채웠으니 다시 길을 나선다. 읍내에서 연파마을까지 가야 한다. 시멘트길이라 다소 지루하다. 등에 땀이 배일 때쯤이면 연파마을에 도착한다. 광의면사무소 앞에 자리한 커다란 입하나무가 볼거리다. 입하 때면 꽃이 핀다고 해서 이렇게 이름 붙었다고 한다.

연파마을에서 구만을 지나 온동마을, 난동마을로 이어지는 길은 전형적인 시골길이다. 사방은 조용하다. 고추잠자리가 날고 멀리서 파도 소리 같기도 하고 쌀알이 쓸리는 소리 같기도 한 바람 소리가 들려온다. 길을 걷다 멈춰 서서 눈을 감고 그 소리에 가만히 귀를 내주고 있자니 머릿속이 싱그러워지는 것만 같다.

길을 걸으며 잠시 철학자가 되어본다. 산책만큼 사색을 깊게 해 주는 것이 없다. 우리가 성찰을 하고, 반성을 하고, 모색을 하고, 설계를 하는 가장 좋은 방법은 산책이다. 철학자 루소는 '나의 생각은 나의 다리와 함께 작동한다'라고 까지 하지 않았던가. 키에르케고르 역시 '걸으면서 가장 많은 생각을 하게 됐다'고 했다. 걷기와 산책은 단순히 몸을 위한 운동이 아니라 마음을 열어주고 생각을 깨쳐주는 사색의

지리산 둘레길

한 방법이다.

구만마을은 16만여 평의 넓은 저수지가 주변 풍광과 어우러져 시원한 풍경을 연출하고 온동마을은 아직도 남아 있는 돌담길이 운치 있다. 온동마을 옆에 자리한 난동마을은 지리산을 넘어다보는 전망이 좋다.

난동마을 어느 집 담장 앞에 걸음을 멈췄다. 담 너머에는 장독대가 옹기종기 모여 따가운 햇살을 받아내고 있다. 장독대 앞으로는 백일홍이 흐드러졌고 참나리꽃이 피었다. 앵초 무더기도 장독대 아래 오글거리며 피어있다. 일곱 시간을 걸었지만 다리는 아직 가볍다. 조금 더 걸어볼까 망설여지는 순간이다.

"그대 몸은 어디에 있는가 / 마음은 무엇에 두었는가 / 지리산둘레길을 걷는다는 것은 / 몸 안에 한 그루 푸른 나무를 숨 쉬게 하는 일이네 / (중략) / 그리하여 둘레길을 걷는다는 것은 / 그대 안에 지리산을 맞이하여 모신다는 일 / 껴안아 준다는 것이지 / 사랑한다는 것이야" (박남준 〈지리산둘레길〉 중에서)

―――

지리산둘레길 안내센터가 각 구간마다 위치한다. 구간지도와 여러 지역 정보를 제공한다. 각종 교통편과 식당·숙소 정보도 구할 수 있다. 구례센터는 061-781-0850, jirisantrail.kr. 지리산둘레길에는 모퉁이마다 나무로 된 이정표가 서 있다. 빨간색은 시계 방향으로 길을 가리키고 검은색은 그 반대다. 숲길과 고갯길, 옛길, 강변길, 논둑길, 마을길 등 구간에 따라 특성이 다르다.

걷는 이의 체력이나 취향에 따라 선택하는 것이 좋다. 지리산길은 천천히 걷는다는 것을 전제로 휴식, 간식, 식사 시간은 제외한 시간당 2.5km를 기준으로 계획을 잡으면 된다. 신발은 편안하고 튼튼한 등산화 혹은 트레킹화(경등산화)와 편한 양말을 착용해야 한다. 새 신발을 신고 오래 걸으면 물집이 생길 수 있으므로 발에 익숙해진 것을 신는 것이 좋다. 물도 넉넉하게 준비할 것. 쾌적한 날씨에는 한 사람당 하루에 2리터 가량, 20˚C가 넘는 더운철에는 그 이상이다.

내 속에 어떤 마음이 있나, 마음이 마음을 더듬다

금산사 템플스테이

단
한 번의
여행

용산역에서 출발한 지 두 시간이 약간 지나 김제역에 도착했다. 금산사 가는 버스는 역 건너 정류장에서 출발한다고 했다. 버스정류장으로 가는 몇 분 동안 땀이 비 오듯 흘러내렸다. 어깨에 둘러맨 배낭이 한결 무겁게 느껴졌다.

시원한 에어컨 바람이나 쐬며 집 거실에 드러누워 있으면 좋으련만, 찜통 더위를 뚫고 금산사까지 가는 까닭은 템플스테이에 참여하기 위해서다. 집에 드러누워 있으면 뭐하겠나, 티브이 리모컨이나 만지작거리겠지, 이래저래 생각을 굴리다 불쑥 떠나온 길이다. 뭔가 지금까지 해 보지 못한 일을 하자는 마음도 들어 여기저기 알아보던 중 금산사 템플스테이가 눈에 크게 띄었다. '휴식형 템플스테이'였다. 프로그램도 자유로웠다. 예불과 공양 등 기본적인 일정에만 참여하면 대부분 자유시간이었다. 후기들을 살펴보니 그 기본일정에도 굳이 참여하지 않아도 됐다. '내비둬'. 템플스테이의 명칭도 맘에 들었다.

템플스테이 참가자는 오후 3시까지 도착하면 된다. 템플스테이 참가자를 위한 사무실 겸 강당인 '보진재'에 들어서니 이미 입재식이 진행되고 있다. 참가자는 약 10명 정도다. 아버지와 아들이 함께 온 것으로 보이는 이도 있고, 부부도 있다. 대학생으로 보이는 남성과 여성도 있다. 각각 따로 온 것 같다. 남매인 듯 보이는 닮은 이들도 있고 혼자

서 온 듯 보이는 아주머니도 보인다. 사무직원이 절에 대한 대략적인 안내를 해 준다. "여기는 세심당입니다. 절에 머무는 동안 여러분들이 사용하실 숙소입니다."

방은 넓고 청결하다. 방 한쪽 벽에 사물함이 설치되어 있다. 사물함 안에는 이불 등 침구가 가지런하다. 화장실과 샤워 시설도 현대식이다. 직원을 따라 공양간이며 해우소, 요사채 이곳저곳을 돌아본다. 안내를 마친 시각은 3시 40분. 스님의 사찰예절 강의가 있는 5시까지는 자유시간이다.

사찰에서 나눠 준 법복과 티셔츠로 갈아입는다. 청바지 대신 입은 헐렁한 바지는 무척 편하다. 고무신은 어색하지만 곧 적응된다. 돌멩이들의 감촉이 그대로 느껴진다. 몸에 두른 것들이 느슨해지니 몸과 마음을 옥죄고 있던 생활의 잡념이며 어지러운 생각들이 약간은 사라지는 느낌이다. 비로소 목덜미에 닿는 바람이 느껴지고 담을 넘어오는 풍경소리가 들린다.

잠시 사찰을 돌아본다. 고요하고 고요하다. 금산사는 모악산 자락에 터를 잡았다. 모악산을 우리말로 풀면 '엄뫼', 곧 '어미산'이다. 품이 넉넉하고 따스하다. 절은 599년(백제 법왕 1)에 세워진 것이라고는 하나 확실하지는 않다. 통일신라 시대인 766년에 진표율사가 중창했다고 한다. 진표율사는 석가모니가 입멸한 56억 7천만 년이 흐른 뒤 미륵이 이 땅에 내려와 용화수 아래서 세 번의 설법을 통해 모든 중생을 구제한다는 미륵하생신앙을 설파했다. 이후 금산사는 미륵신앙의 근본 도량이 되었다. 그래서 금산사에는 미륵전이 있다. 법당 안에는 삼존불이 모셔져 있는데 미륵불상은 11.82m, 좌우불상은 8.8m나 된

다. 옥내 입불로는 세계 최대라고 한다.

금산사는 후백제를 세운 견훤과도 각별한 인연이 있다. 통일신라 말기 새로운 세상을 계획했던 견훤은 미륵불의 도움이 필요했고 금산사에 정성을 많이 들였다. 하지만 맏아들 신검과 둘째 아들 양검이 일으킨 쿠데타 때 그가 갇힌 곳이 미륵전 지하이기도 하다.

삼성각이며 범종각, 조사전 등 요사채 이곳저곳을 돌아보는 사이 어느덧 5시가 되었다. '보진재'에서 사찰 예절에 대해 배울 시간이다. "환영합니다." 스님은 합장 후 죽비를 단단하게 내려친다. 딱! 스님 앞에 선 참가자들의 허리와 어깨에 저절로 힘이 들어가는 것이 느껴진다. "절은 수행공간입니다. 나지막이 말하고 조용히 행동하도록 합니다. 발뒤꿈치를 먼저 대지 않습니다. 소리가 나지 않게 걸어 다닙니다. 다른 불자가 기도하거나 참선하고 있을 때, 경을 읽고 있을 때는 가능한 그 앞으로 지나지 않는 것도 중요합니다."

다음은 묵언. "되도록이면 말을 줄이세요. 다른 사람의 수행을 방해하지 않기 위한 것이기도 합니다. 말은 내면으로 향하세요. 자신과 대화하는 시간을 가져 보세요." 그리고 차수. "명치 부근에 왼손 손바닥을 얹고 그 위에 오른손을 포개세요. 평상시 도량을 다닐 때나 스님 앞에서 차수를 하면 됩니다. 겸손하고 정숙해지기 위한 자세입니다." 다시 한번 죽비가 딱! "스님 혹은 다른 사람과 마주치면 인사를 하세요. 합장하고 고개를 숙이면 됩니다. 이를 합장저두라고 합니다." 스님은 "사찰에서의 절은 마음을 낮추는 것으로 수행자의 첫걸음"이라고 몇 번이나 강조했다. 그만큼 중요한 모양이었다.

스님이 물러가자 그제야 참가자들은 인사를 나눈다. 전주에서 대학을 다니다가 온 이가 있다. "곧 졸업인데 괜히 마음이 뒤숭숭해지네요. 마지막 방학인데 친구들은 바닷가로 놀러 가자고 했지만 그러고 싶지 않았어요." 최근 들어 어머니와 다툼이 잦아 마음을 좀 다스려야겠다는 생각도 들었고 자신을 위한 의미 있는 시간도 만들어 보고 싶어 참가했다고 한다. 아버지와 아들이 함께 온 이도 있다. 아들을 바라보는 아버지의 눈빛에 사랑이 가득 묻어 있다. 아까부터 부자가 두런두런 이야기를 나누는 모습이 더없이 다정했고 보기 좋았다. "아들 녀석이 벌써 이렇게 자랐네요. 이달 말 군에 입대합니다. 아들과 함께 뭔가 추억거리를 만들고 싶어 고민하다가 템플스테이를 선택했어요. 2박 3일 동안 있을 예정입니다." 부부도 있다. 법당 안에서 모자를 쓰는 건 예의에 어긋난 행동이지만 아주머니는 입재식부터 지금까지 내내 모자를 쓰고 있다. 어디가 아픈지 대략 짐작이 간다. "암에 걸렸어요. 지금 항암 치료를 받고 있습니다. 자꾸만 안 좋은 마음이 들어 마음도 다잡을 겸 휴식도 취할 겸 왔습니다." 아주머니의 목소리가 낮다. 약간 떨리는 것도 같다. 남편이 아내의 손을 꼭 잡는다. 눈이 큰 가냘픈 아주머니가 왔다. 머리를 뒤로 질끈 묶었다. "인천에서 왔어요. 혼자 떠나는 여행은 처음이에요." 아들과 함께 온 아버지가 마냥 부러운 모양이다. 그들을 바라보는 시선에 부러움이 한껏 묻어 있다. "일을 그만두고 잠깐 쉬는 사이 왔어요. 이틀 동안 있었는데, 마음이 차분하니 좋아요. 딸애랑 같이 왔으면 더 좋았을 텐데, 다음 기회엔 꼭 함께 와야겠어요."

보진재 바깥, 절 마당은 아직 환하다. 해가 뉘엿해질 기미는 보이지 않는다. 그래도 다들 일어나 주섬주섬 신발을 신는다. 각자 어디론가 간다. 어떤 이는 탑으로 가 탑돌이를 한다. 어떤 이는 절 뒤편으로 슬그머니 사라진다. 큰 법당으로 들어가 절을 하는 이도 있다. 모두들 사연 하나씩을 짊어지고 있다. 그 사연은 크고 작은 것이 없이 모두 같은 무게. 천근만근이리라. 하루 이틀의 짧은 시간이지만 조금이나마 내려놓고, 덜어 내고 가시길. 그런 마음으로 조용히 합장.

탑 그림자가 길어졌다. 산그늘이 절마당까지 내려왔다. 처마 밑은 어느새 어둑하다. 저녁 공양 시간이다. 냉면 그릇 같은 커다란 스테인리스 그릇에 자기가 먹을 만큼 밥과 반찬을 담는다. "이 음식은 어디서 왔는고. 내 수행으로 받기가 부끄럽네. 마음의 온갖 욕심 버리고 몸을 지탱하는 약으로 알아 깨달음을 얻고자 이 공양을 받습니다."

공양이 끝나면 그 자리에서 모든 그릇을 씻어 그 물의 일부는 마시고 일부는 청숫물이라 해서 다른 그릇에 모은다. 이때 조심해야 할 것은 청숫물에는 어떠한 이물질도 없어야 된다는 것. 누군가 이물질을 먹지 않고 청숫물에 넣으면 참가자 모두가 청숫물을 마셔야 하는 경우가 있다. 간혹 토하는 사람도 있다고 한다. 흰 밥을 한 주걱 담고 깍두기와 두 가지 나물 그리고 국을 담는다. 자리로 가서는 소리 내지 않고 먹는다. "한 방울의 물에도 천지의 은혜가 스며있음을 깨닫고 한 톨의 곡식에도 만인의 노고가 스며들어 있음을 알아야 합니다." 밥을 먹는다는 것, 그것도 수행이라고 했다.

저녁 공양 후에는 저녁예불과 걷기 명상 시간이 이어진다. 주지스님을 비롯해 사찰 내의 모든 스님과 수행자들이 이곳에 모이는 때가 저녁 예불이다. 참가자들은 스님 뒤편에서 예불을 따라한다. 너무 심각

김제 금산사 템플스테이

하게 여기지 않아도 된다. 말 그대로 체험을 해 본다는 마음가짐 정도면 충분하다. 예불을 마치고 나와 걷기 명상을 해 보기로 한다. 넓은 절 앞마당을 천천히 걷는다. 한 발자국 내딛는데 3~4초가 걸린다. 50미터 남짓 되는 마당을 가로지르는데 10분이 넘게 걸린다. 눈을 감고 천천히 걷는다. 발에서 마음이 느껴진다. 내 마음이 이렇게 어지러웠나. 온갖 것들 출현으로 시끄럽다. 오만 가지 생각이 스쳐 지났다가 다시 돌아온다. 하지 못한 일이며, 해야 할 일, 지키지 못한 약속, 미운 누군가의 얼굴, 오만 가지 걱정이 뭉게구름처럼 피어오른다. 내 마음이 이처럼 바글거리고 있었나. 수천 마리 개미가 들끓는 것처럼 간지럽고 부산하다. "어지럽지요. 이렇게 많은 생각들이 머물고 있는지 몰랐을 겁니다. 오늘은 그것들을 확인한 것만으로도 됐습니다. 어떤 것들이 내 속에 있는지 알아야 그것들을 몰아낼 수도 있는 것이니까요." 스님의 말씀.

눈을 떴다. 시계를 보니 새벽 세 시다. 문에 달빛이 스민다. 세심당 앞을 흐르는 계곡물 소리가 귓전으로 흘러든다. 밖은 검푸른 새벽이다. 한여름이지만 팔에 닿는 공기의 감촉이 차갑다. 옅은 소름이 돋고 털이 오소소 일어선다.

'정구업진언 수리수리 마하수리 수수리 사바하.'
목탁 소리가 마루 위로 또르르 굴러든다. 도량석이다. 절에 있는 스님을 비롯한 모든 대중들과 여러 신들에 깨어나라고 보내는 신호다. 행자는 대적광전 앞마당을 돌고 있나 보다. 나지막한 목탁 소리는 점점 커지다가 다시 잦아든다. 요사채(스님들의 일상생활을 위해 지은 절간의 집)마다 불을 밝힌다. 사찰에서의 하루가 시작됐다. 졸린 눈을 비비고 법당 안에 들어서면 이미 스님들이 앉아 참선 중이다. 눈치껏 절을 따라 하고, 한글로 적힌 불경을 따라 외우다 보면 어느새 잠이 달아나고 머리가 맑아진다.

그리고 108배를 행할 시간. 스님의 죽비소리 한 번에 절 한 번. 스무 번 정도를 넘어가면 땀이 흐르기 시작해 중반을 넘기면 온몸이 땀으로 뒤덮인다. 108배는 108번뇌를 잊기 위해 하는 것이지만 건강에도 좋다. 108배를 하다 보면 어느새 몸이 개운해지는 것을 느낄 수 있다. 나도 모르게 마음이 가지런해진다. 108배를 끝낸 뒤에는 곧바로 명상 시간을 갖는다. 허리를 곧추세우고 앉아 눈을 감는다. 명상도 실제로 해 보면 생각보다 힘들다. 허리가 아파 오고 잡다한 소리들이 침범한다.

"아무 생각도 하지 않으려 노력하지 마세요. 오히려 그 생각이 파문을 일으켜 마음을 어지럽힙니다. 귀에 들리는 소리 하나에 집중해 그 소리를 따라가다 보면 마음이 가라앉을 겁니다." 스님의 말을 좇아 처마 밑으로 드는 바람 소리를 따라가기로 한다. 명주실처럼 가늘게 이어지는 바람 소리가 점점 커지더니 머릿속에 가득 차 붕붕거린다. 신기하게도 온갖 망상들이 순식간에 사라진다. 딱! 죽비소리. 이삼 분이나 지났을까 했는데 벌써 15분이 지났다고 한다.

템플스테이의 마지막은 스님과의 차담 시간이다. 스님이 손수 차를 따라 주신다. "자, 모두 찻물을 바라봅시다. 어떤 생각이 떠오르나요." 찻잔 속에는 어떤 물음처럼 찻물이 일렁인다.
"다시 건강해지면 좋겠습니다."

"어머니 얼굴이 떠오릅니다. 가서 사랑한다고 말씀드려야겠어요."
"건강하게 군 생활하고 있는 아들 얼굴이 보이네요."
"그동안 열심히 살아왔다고 했는데 그게 아니었어요. 이제는 제가 하고 싶은 일을 하고 싶어요."
"……"

비가 내리기 시작하더니 금방 거세진다. 보리수나무가 속절없이 젖고 있다. 둘러앉은 이들, 아무도 말이 없다. 적막과 고요 가운데 빗소리만 유독 요란하다. 졸졸졸 차 따르는 소리가 빗소리에 묻힌다. 모두들 하염없이 문밖에 떨어지는 빗방울만 바라보고 있다. 천근 가운데 한 근, 짐은 내려놓으셨는지.

―――

금산사(063-542-0048)에서는 '나는 쉬고 싶다'를 테마로 휴식형 템플스테이를 진행한다. 오리엔테이션(사찰예절 습의)과 공양 시간 외에는 스스로 시간을 운용하면 된다.

이토록 시적인 서울의 야경 앞에 서서
윤동주 시인의 언덕

서울은 야경이 아름다운 도시다. 도심 가득한 마천루와 한강을 따라 빼곡하게 들어선 아파트 단지가 밤이면 형형색색 불빛을 내뿜으며 화려한 밤 풍경을 연출한다. 서울에 야경 명소가 많지만, 큰 발품 들이지 않고 누구나 쉽게 접근할 수 있고 뜻깊은 장소를 꼽으라면 청운공원 윤동주 시인의 언덕이 떠오른다. 서울 도심에서 부암동으로 넘어가는 자하문고개 정상에 자리하는데, 언덕에 오르면 경복궁과 시청, 종로 일대와 N서울타워까지 보인다.

윤동주는 김소월과 더불어 한국인이 가장 좋아하는 시인이다. "죽는 날까지 하늘을 우러러 / 한 점 부끄럼이 없기를 / 잎새에 이는 바람에도 / 나는 괴로워했다"로 시작하는 〈서시〉는 학창 시절 누구나 한 번쯤 외웠을 법하다. 1917년 만주 북간도의 명동촌에서 태어난 윤동주는 1941년에 서울 연희전문학교를 졸업하고, 일본으로 건너가 도쿄(東京) 릿쿄(立敎)대학 영문과에 입학한다. 도시샤(同志社)대학 영문과로 옮긴 그는 항일운동을 했다는 혐의로 일경에 체포되어 후쿠오카(福岡) 형무소에서 복역하다 1945년 2월에 생을 마감한다.

윤동주의 첫 시집 《하늘과 바람과 별과 시》는 유고 시집으로 발간됐다. 생전에 이 시집을 펴내고자 한 그는 서문으로 〈서시〉를 쓰고, 3부를 필사해 이양하와 정병욱에게 증정했다. 윤동주 사후 정병욱이 보관하던 필사본을 공개하면서 그의 시가 세상에 알려졌다. 초판 서문에는 윤동주가 늘 동경하던 시인 정지용이 쓴 "무시무시한 고독에서 죽었고나! 29세가 되도록 시도 발표하여 본 적이 없이!"라는 구절이 있다.

윤동주는 연희전문학교 재학 시절, 종로구 누상동에 있는 후배 소설가 김송의 집에서 하숙했다. 이 시절 청운동과 누상동 일대를 산책하며 시상을 가다듬었다. 청운동에 윤동주 시인의 언덕이 들어선 것도 이 때문이다. 김송의 집에 머문 약 4개월은 윤동주의 짧은 생에 가장 행복한 시기로 여겨진다. 깊은 속마음을 주고받을 수 있는 후배와 함께 차를 마시며 음악을 즐기고, 문학 이야기를 나눴기 때문이다. 성악가인 김송 부인의 아름다운 노래를 감상하기도 했다. 저녁 무렵 하숙집 근처로 나온 그는 언덕에서 해지는 서울 풍경을 보며 조국의 어두운 현실에 가슴 아파하고 시상을 떠올리지 않았을까.

윤동주 시인의 언덕에 특별한 것은 없다. 잔디가 깔린 마당에 소나무가 있고, 짧막한 산책로가 이어진다. 언덕으로 한양도성길이 지나가는데, 성곽 앞에는 소나무 한 그루가 서서 부암동과 평창동을 내려다본다. '윤동주소나무'라고 불리는 이 나무 앞에 서면 멀리 북한산이 손에 잡힐 듯하다. 의연한 듯 고독한 듯 서 있는 소나무가 마치 시인의 뒷모습 같다.

언덕에 '윤동주 시인의 언덕' 표석이 있고, 그 앞으로 〈서시〉 시비가 있다. 시비 앞에 서는 순간, 가슴이 먹먹해진다. 후쿠오카 형무소에서 사망한 윤동주는 고국 땅에도 묻히지 못했다. 간도 용정에 있는 그의 무덤에서 가져온 흙 한 줌을 이 언덕에 뿌렸다.

야경을 보기 좋은 곳이 시비 앞이다. 서울의 야경 사진이 들어간 '윤동주 시인의 언덕 서울 밤 풍경' 표지판도 있다. 요즘 해지는 시각은 오후 5시 30분 전후. 하늘이 서서히 보랏빛과 주홍빛으로 물들 때쯤이면 도심의 빌딩에도 하나둘 불이 켜지고, 사위가 금세 어두워진다. 저녁이 되면 제법 쌀쌀하다. 바람이 불어와 소나무 가지를 흔든다. 6시면 완전히 어두워, 멀리 N서울타워의 불빛이 선명하다.

윤동주 시인의 언덕은 윤동주문학관과 이어진다. 종로구는 용도 폐기된 청운수도가압장을 리모델링 해 윤동주문학관을 조성하고, 2012년 7월 문을 열었다. 수도가압장은 산 중턱에 있는 청운아파트에 수돗물을 보내기 위해 만들었는데, 아파트가 철거된 뒤로 버려지다시피 했다. 문학관에는 윤동주 시인의 유품과 자필 서신, 생애 사진 등이 전시된다. 윤동주의 시 〈자화상〉에 나오는 우물 이미지에서 영감을 얻어 문학관을 꾸민 점이 흥미롭다. 아쉽게도 코로나19 확산 방지를 위한 사회적 거리 두기 때문에 당분간 입장객을 받지 않는다. 문학관은 건축물로도 상당한 가치가 있다. 2013년 대한민국공공건축상 국무총리상, 2014년 서울시건축상 대상을 받았고, '한국의 현대건축 Best 20'에 선정됐다. 건축가 이소진에게는 2012년 젊은건축가상을 안기기도 했다.

문학관 건너편은 창의문이다. 이곳에서 한양도성길 백악 구간으로 진입할 수 있다. 창의문에서 시작해 혜화문에 이르는 백악 구간은 등산하는 재미가 쏠쏠하다. 돈의문 터에서 인왕산 정상을 지나 창의문까지 이어지는 인왕산 구간을 걸은 뒤 윤동주 시인의 언덕에서 저녁을 맞아도 좋을 듯.

부암동 골목도 함께 걸어보자. 아직도 옛 골목의 정취가 남아 있는 곳이다. 가파른 시멘트 계단을 따라 좁은 골목길을 걸어가다 보면 방앗간도 만나고 조그마한 갤러리도 만난다. 여기저기 고개를 기웃거리고 쉴 만한 카페와 식당이 많으니 산책 삼아 걸어보자. 계열사(02-391-3566)의 치킨이, 자하손만두(02-379-2648)의 만둣국이, 레이지버거클럽(02-394-2547)의 햄버거가 맛있다.

꼭꼭, 내 생을
며칠 정도 숨기고 싶은 섬

가거도와 만재도

단
한 번의
여행

가거도와 만재도라는 섬이 있다. 뭍에서 아주 멀리 떨어져 있다. 전남 목포에서 쾌속선을 타고 4시간 이상을 가야 한다. 어느 해 가을, 이 두 섬을 오가며 보름 정도 머물렀다. 목적은 딱히 없었다. 취재를 위해 머물렀던 것도 아니고 휴가를 간 것도 아니었다.

그래도 계속 이유를 묻는다면, 취재도 아니고 휴가도 아니면서 그렇게 먼 곳까지 간 이유가 무엇이냐고, 그 작은 섬에서 왜 보름씩이나 머물렀냐고 묻는다면, 글쎄, 어떻게 대답해야 할까… 어디든 도망치고 싶었는데, 하필 내가 도망친 곳이 가거도와 만재도였다고 해 두자. 가거도의 경치가 끝내주게 좋아서라든지, 만재도의 돌담길이 정말 멋있어서라든지, 만재도의 돌멍게가 맛있어서라든지, 이런 구체적인 이유는 댈 수가 없다. 굳이 하나 이유를 대자면 목포에서 배를 타고 4시간 이상을 가야 하는 아주 먼 섬이라는 사실, 그것이다.

이들 두 섬에 대한 '디테일'은 대략 다음과 같다. 가거도는 우리나라 최서남단에 위치한 섬이다. 뱃길이 워낙 멀고 험해서 '가도 가도 뱃길이 끝나지 않는 섬'이라고도 하고, 중국과 가까워서 '중국 땅의 닭울음 소리가 들리는 섬'이라고도 한다. 실제로 가거도와 중국 상하이 간의 직선거리는 435km로 서울까지 오는 길과 비슷하다.

만재도는 가거도에 비해 지리적으로는 가깝다. 하지만 뱃길은 더 멀다. 배가 흑산도, 홍도, 상태도, 하태도, 가거도를 거쳐 만재도에 닿기 때문이다. 가거도에서 만재도까지는 1시간을 더 가야 한다.

두 섬은 참 예쁘다. 가거도에는 독실산이라는 산이 섬 한복판에 솟아 있다. 해발 639m. 후박나무와 구실잣밤나무, 동백나무 등이 빽빽하다. '사람이 가히 살 만하다'고 해서 가거도라는 이름이 붙었다. 한국전쟁 당시 주민들은 전쟁이 난 줄도 모르고 있었다고 한다. 지금은 약 500여 명이 거주하고 있으며, 1구 대리마을, 2구 항리마을, 3구 대풍리로 나뉘어 있다.

만재도는 작은 섬이다. 고작해야 50여 가구에 100여 명이 산다. 만재도(晩才島)는 '재물이 많은 섬'이란 뜻인데, 1960년대까지는 가라지(전갱이과) 파시가 형성돼 섬의 이름값을 했다. 그러나 그런 호시절이 지난 지는 오래다. 지금 만재도는 선착장에 배를 댈 수조차 없다. 바다가 얕기 때문이다. 쾌속선이 바다에 멈추면 조그만 연락선이 승객을 태우러 온다. 섬의 동쪽에서 기적이 울리면 쾌속선이 보이지 않아도 연락선은 서둘러 바다로 마중을 나간다.

만재도의 이름이 알려지기 시작한 것은 드라마 〈봄의 왈츠〉 때문이다. 어린 수호와 은영이 섬에 표류해 온 장면을 이곳에서 촬영했다. 당시 드라마를 찍었던 곳은 섬 한가운데 자리한 몽돌 해변이다. 〈삼시 세끼〉에서 손호준이 다시마를 찾으러 헤매던 그 해변이다. '짝지'라 불리는 이 해변은 파도가 들고 날 때마다 싸르륵하는 소리를 낸다. TV 예능프로 〈1박 2일〉에도 나왔다. 강호동은 거북손과 배말을 삶았

고, 은지원은 배말된장국을 맛있게 끓였다. 김종민은 열기(불볼락)를 구웠다.

만재도에 내리면 가장 먼저 돌담이 눈길을 끈다. 아마도 바람 탓일 것이다. 바람을 막기 위해 돌로 담을 쌓았고, 바람이 들어오는 것을 조금이라도 방지하기 위해 길을 미로처럼 구불구불하게 만들어 놓았다. 해변에서 바라보면 마을의 집들은 알록달록한 지붕만 빼고 모두 돌담에 숨어 있는데, 이는 태풍 때문이다. 돌담이 없으면 지붕은 거센 바람을 견디지 못하고 날아가 버린다.

섬을 내려다보려면 마을 뒤 산길을 오르면 된다. 키 낮은 풀들이 우거진 오솔길이 있다. 봄이면 동백이 후드득 떨어지는 이 길은 산책하기에 좋다. 20여 분 오르면 정상. 이곳에서 보는 섬은 T자 형상 같기도 하고, 날개를 펼친 새의 형상을 닮은 것도 같다. 산봉우리가 3개 솟아 있다. 바다를 산책하다 보면 숭어 떼가 몰려다니는 것도 볼 수 있다. 우럭과 놀래미, 광어가 많이 난다. 6월이면 참돔과 돌돔(줄돔)이, 가을엔 감성돔이 지천이다. 만재도 사람들에게 이런 숭어는 고기 축에도 끼지 못한다.

섬 북서쪽은 아찔한 벼랑이다. 천길 해안 절벽이 펼쳐진다. 반대편은 완만해 밭과 마을이 들어서 있다. 그리 힘들지 않아 어디든 1시간 이내로 갈 수 있다. 배를 타고 나가 바다에서 보면 거제 해금강이나 홍도가 부럽지 않다. 잠 오지 않는 밤에는 연필로 글을 썼던가. 이를테면 바람에 펄럭이는 철 지난 달력과, 적당히 기울어진 전봇대, 창에 어룽대는 후박나무잎, 칠이 벗겨진 자전거, 지직거리며 들려오는 라디오 소리 같은 것들에 대해…… 기억이 까무룩하다. 어쨌든 어느 해 가을, 나는 모처의 섬에서 보름 정도 숨어 있었는데, 마음은 여유로웠고, 한적했으며 가끔 외로웠다. 그리고 이 글을 쓰고 있는 지금 그 시간을 약간 그리워하고 있다. 내 인생의 보름은 그 섬에 소속되었다라고 말해 두고 싶다.

―

가거도 김부연 하늘공원은 가거도 출신 순국열사의 이름을 따서 지어졌다. 암벽 체험길이 조성되어 있다. 항리마을은 한때는 초등학교가 있을 만큼 북적거렸지만 지금은 몇 가구 남지 않았다. 영화 〈극락도 살인사건〉을 찍은 곳으로 가거도 최고의 비경으로 꼽히는 섬등반도가 이곳에 있다.

목포연안여객선터미널(1666-0910)에서 가거도까지 쾌속선이 운항한다. 4시간 30분 소요. 가거도에는 가거도중앙식당민박(061-246-5467), 둥구횟집민박 등이 있다.

그래도
이 일을 선택하길 잘했어

해변의 말랑한 봄, 봄, 봄

> 단
> 한 번의
> 여행

삼척 맹방해변은 동해안에서 가장 넓은 모래밭이 펼쳐져 있다. 끝에서 끝이 보이지 않을 정도로 아득하다. 오직 푸른빛으로만 이루어져 있다.

맹방해변 아래쪽에 걷기 좋은 해안 탐방로가 있다. 맹방관광지 내 덕봉산이다. 원래는 군경계 시설이라 일반인 출입이 금지되어 왔지만 올해 53년 만에 처음으로 열렸다. 경계 철책을 걷어내고 덕봉산 둘레를 따라 덱를 설치했다. 바다 위에 불쑥 솟아 있는 덕봉산은 언뜻 보기에 섬 같기도, 언덕 같기도 하다. 해안 생태 탐방로 총 길이는 943m다. 남녀노소 누구나 30분이면 한 바퀴 돌아볼 수 있다. 해발 고작 53.9m. 정상에 전망대가 마련되어 있다. 전망대에 서면 '명사십리' 맹방해변을 비롯해 덕산해변, 마읍천, 근덕면 시가지 풍경이 바라보인다. '천국의 계단'은 사진찍기 좋은 곳. 대나무숲 사이로 푸른빛 맹방해변이 내려다보인다. 덕산해변 모래사장의 외나무다리 걷기도 재미있다. 여행자들은 이곳에서 인스타그램 사진을 만든다.

삼척 시내 가까이 죽서루가 있다. 예부터 대관령 동쪽의 아름다운 여덟 곳을 가리켜 '관동팔경'이라 불렀다. 간성의 청간정(淸澗亭), 강릉의 경포대(鏡浦臺), 고성의 삼일포(三日浦), 삼척의 죽서루(竹西樓), 양양의 낙산사(洛山寺), 울진의 망양정(望洋亭), 통천의 총석정(叢石亭), 평해의 월송정(越松亭)이 그것이다. 이들 관동팔경 가운데 으뜸으로 꼽히는 경치가 죽서루다. 삼척을 적시며 굽이굽이 흐르는 오십천을 바라보며 깎아지른 절벽 위에 서 있다. 관동팔경이 모두 바다를 향한 자리에 있지만 죽서루만 강을 면하고 있어 이채롭다.

죽서루의 아름다운 경치에 대해 말로만 듣던 정조는 최고 화가인 김홍도에게 죽서루를 그려와 달라고 부탁하는데, 김홍도의 그림을 보고 오십천을 바다로 착각한 정조는 다음과 같은 시를 남겼다고 한다.

彫石鐫崖寄一樓(조석전애기일루)
돌 다듬고 절벽 쪼아 세운 누각 하나
樓邊滄海海邊鷗(누변창해해변구)
누각 옆은 푸른 바다이고 바닷가에는 갈매기 노니네
竹西太守誰家子(죽서태수수가자)
죽서루 있는 고을 태수 누구 집 아들인가
滿載紅粧卜夜遊(만재홍장복야유)
미녀들 가득 싣고 밤 새워 뱃놀이하겠구나

정조의 시처럼 예나 지금이나 죽서루는 여전히 한가롭고 멋스럽다. 조선 시대 초기에 중건된 후 여러 차례 수리를 거쳤지만 건축미는 여전하다. 죽서루 주변을 걷는다. 바람이 분다. 코끝을 스쳐 간 바람이 봄이 왔음을 알린다. 살랑대는 바람은 땅을 간질이고 꽃을 피운다. 눈에 보이지 않는 바람은 제 흔적을 남기지 않는다. 그러나 우리는 안다. 바람이 봄을 데리고 지금 여기에 왔음을. 한가로움이 때론 우리가 누릴 수 있는 최대의 사치일 때가 있다.

삼척 해변의 말랑한 봄, 봄, 봄

죽서루 건너편에 '덕성루'라는 오래된 중국집이 있다. 1936년 문을 열었다. 동해 덕취원과 함께 강원도의 오래된 화상중국집으로 꼽히는 곳이다. 군만두는 서울 안동장의 '빅 사이즈'라고 보면 된다. 안동장이 맥도날드라면 이곳은 와퍼 수준이다. 사이즈가 상당히 크고 피가 두껍다. 젓가락으로 들고 있기에도 버겁다.

만두가 왜 이렇게 크냐고 주인에게 물어보니 배부르게 먹으라고 크게 만들었다는 대답이 돌아온다. 탕수육은 '부먹' 스타일로 나온다. 원래 탕수육은 부먹이니까 더 좋다. 소스는 약간 달짝지근한 편이고 배추가 많이 들어간다. 짜장면도 맛있다. 단맛이 적다. 메뉴판에 적힌 '춘결'은 '자춘결'이다. 요즘 중국집에서는 보기 힘든 요리다. 다음에는 볶음밥과 자춘결을 먹어 봐야겠다.

짜장면을 먹고 속초해변으로 왔다. 봄 바다는 한가롭다. 바다도 졸고 있는 것 같다. 수평선 너머에서 마냥 나른하게 밀려오는 파도를 보고 있자니 '나는 앞으로 어딘가에 소속되지 않을 것이다'라는 마음이 거품처럼 인다. 모든 건 다 포기할 수 있지만 평일에 즐기는 인생의 이 한가로움만은 절대로 포기할 수 없는 일. 가난하지만 역시 이 일을 선택하길 잘했어. 봄날 오후의 바다는 그렇게 말해주는 것만 같다.

―――

덕성루(033-574-8860)의 볶음밥도 특색있다. 계란프라이가 아니라 부침 형태로 올라간다. 울릉도호박집(033-574-3920)은 생선모듬찜 전문식당이다. 장치, 가자미, 도루묵 등을 조려낸다. 말린 생선 특유의 풍미를 느낄 수 있다. 근덕면 문화제과(033-572-3100)는 꽈배기와 도넛으로 유명하다. 하루 30

봉지만 팔고 문을 닫는다. 삼척해수욕장 앞에 자리한 피크닉키키(033-575-6599)에서는 곰치빙수를 판다. 생선 모양의 빙수를 만든다. 피크닉세트도 대여해 준다. 삼척의 별미는 곰치국이다. 곰치 몇 토막에 묵은 김치 숭숭 썰어 푹 끓여낸 곰치국은 얼큰하고 시원한 국물맛과 입안에서 살살 녹는 살점 때문에 술을 좋아하는 뱃사람들에게 해장국 중 으뜸으로 꼽힌다. 정라항 일대 '곰칫국 골목'에 맛집이 즐비하다.

봄은 벚나무에 인연처럼 짧게

내소사 벚꽃

단
한 번의
여행

내소사에 왔다.
벚꽃이 가득 피었다는 소식을 듣자마자 차를 몰았다.
폭풍처럼 일들이 몰아쳤지만 내소사 벚꽃을 보려 그 일들을 서둘러 끝냈다.
또 다시 일들이 몰아닥치기 전, 딱 이틀이 빈다.
섬처럼 떠 있는 그 이틀 동안 나는 내소사 벚꽃을 보러 왔다.

내소사는 백제 무왕 34년(633)에 지어진 절이다. 일주문에서 절에 이르는 전나무 숲길이 아름답다. 월정사 일주문에 이르는 전나무 숲길이 가지런히 정리된 모습이라면 이곳 숲길은 나무들이 자연스럽게 자라 더 푸근한 느낌이 난다. 600여 미터에 이르는 전나무 숲길을 걸어 내소사 천왕문에 다다르면 자신도 모르는 사이에 마음이 정갈해진다. 본래 이름이 '다시 태어나기 위해 찾아오는 곳'이라는 뜻의 소래사(蘇來寺)였다고 하는 내소사는 화려하지는 않아도 고졸한 멋이 풍기는 사찰이다. 아담한 경내이지만 커다란 고목이 중심을 잡고 있어 가벼워 보이지 않는다. 고려동종, 법화경절본사본, 대웅보전, 영산화괘불탱화 등의 보물을 보유하고 있으니 부화(浮華)한 사찰과는 전혀 거리가 멀다.

내소사 마당, 벚나무 아래 서 있다.

벚꽃잎이 음표처럼 떨어진다.
물통에 담아온 시원한 보리차를 마신다.
코끝에는 벚꽃 향이 짙고 정오의 햇빛은 눈부시다.
곧 여름이 올 것이고 무성한 빗소리 속에서 수국이 피겠지.
봄은 벚나무에 인연처럼 짧게 머물다 간다.

―

채석강은 변산반도 서쪽 끝 격포항과 그 오른쪽 닭이봉 일대 1.5km의 층암절벽과 바다를 총칭하는 이름이다. 화강암, 편마암을 기저층으로 약 7천만년 전인 중생대 백악기에 퇴적한 단애가 마치 수만 권의 책을 쌓아놓은 듯이 와층을 이루고 있다. 기기묘묘한 해식 단애의 모습은 자연의 신비한 섭리를 한껏 일깨워 준다. 조수간만의 차이로 인해 형성된 기이한 절벽에 파도가 부딪치는 소리를 들으면 자연과 하나 되는 기분을 만끽할 수 있다. 채석강이란 명칭은 옛날 중국의 시성 이태백이 배를 타고 술을 마시다가 강 위의 달그림자를 잡으려다 빠져 죽었다는 채석강과 비슷하다고 해서 붙여졌다.

변산 최고의 별미는 바지락죽. 기름진 서해 갯벌에서 금방 캐어낸 싱싱한 바지락을 가지고 요리하기 때문에 쫄깃쫄깃한 맛과 향이 뛰어나다. 백합죽도 유명하다. 다른 조개에 비해 조갯살이 푸짐하고 탱탱한 것이 특징이다. 바지락죽의 원조는 변산온천산장(063-584-4874). 붐비는 날은 대기표를 받아야 할 정도로 이미 '전국구 맛집'이 됐다. 백합죽은 계화회관(063-584-3075)이 유명하다.

동백꽃 밟으며 봄날을 걷다
거문도 트레킹

붉은 봄 길에서의 한때 ──

봄이었다. 남쪽 섬 거문도에서 비로소 봄을 만났다. 고도 선착장에 내리는 순간 따끈하게 데워진 봄 공기가 코끝을 간지럽혔다. 바람은 셌지만 햇살은 찬란했다. 선착장에 내려 서둘러 삼호교로 향했다. 1킬로미터 남짓 걸었을 뿐인데 이마엔 땀이 송글송글 맺혔다. 온도계를 보니 섭씨 19도. 반팔 셔츠를 입어도 어색하지 않을 날씨였다.

삼호교를 건너자마자 왼쪽의 해안도로를 따라 길을 잡았다. 바다에는 안노루섬, 밖노루섬, 오리섬이 사이좋게 떠 있었다. 길가에 화들짝 핀 유채꽃이 바람에 흔들렸다. 거제도 관광호텔 옆 다도해해상국립공원분소 앞을 지나 곧장 숲으로 들어갔다. 사람 한 명이 걸어갈 만큼의 폭으로 닦여진 길이 나타났다.

거문도 트레킹 코스는 다양하다. 가장 초보적인 코스는 고도 선착장에서 택시를 타고 포장도로가 끝나는 '목넘어'에서 내려 거문도 등대까지 걸어가는 길이다. 이 길은 걷기에 영 자신이 없거나 아이를 안고 가야 하는 아빠, 힐을 신은 여성분들에게 어울린다. 목넘어에서 등대까지는 약 1.5km. 왕복 1시간이면 충분한 데다 길에는 넓적하고 평평한 돌이 깔려 있어 산책하듯 걸을 수 있다.

여수 거문도 트레킹

두번째 코스는 덕촌마을 쪽으로 올라가 불탄봉~억새군락지~기와집 몰랑~신선바위~보로봉~365계단~목넘어~거문도 등대로 이어지는 코스다. 약 7km 정도로 4시간 30분 정도 걸린다. 이 길 역시 어려울 것 없다. 초반의 약 30분 정도만 언덕을 오르면 이내 능선을 타고 쭉 간다. 그다지 숨 차지도 않아 운동화 차림에 물 한 병, 가벼운 간식 정도만 챙기면 충분히 걸을 수 있다.

세 번째 코스는 거문초등학교 서도분교에서 서도마을을 지나 녹산 등대에 이르는 코스다. 이 코스는 거문도 북쪽을 걷는다. 거문도 등대가 섬의 남쪽 끝에 있는 등대라면, 녹산 등대는 거문도 북쪽을 밝힌다. 이 코스는 거문도 등대 가는 길과는 완전히 다른 감흥을 선사한다. 거문도 등대 가는 길이 울창한 숲과 동백터널을 지나는 반면 녹산 등대 가는 길은 탁 트인 초원을 가로지른다. 광활한 억새밭도 지나는데, 아무래도 이 코스는 봄보다 가을이 걷기에 제격이다.

원래는 두 번째 코스를 따라 걷기로 했지만 시간에 쫓겨 불탄봉을 생략하고 곧바로 기와집 몰랑으로 오르기로 했다. 불탄봉에서 목넘어까지 이르는 구간에는 중간중간 해안과 연결되는 길이 여럿 있다. 숲에 들어서자 이내 어둑해졌다. 거문도의 봄 숲은 마치 열대의 어느 밀림에라도 온 듯한 기분이 들게 했다. 사철나무며 돈나무 등 진초록의 활엽수들과 넝쿨 식물들이 얽히고설키며 빽빽한 숲을 이루고 있었다.

완만한 오르막길을 십여 분 정도 오르자 동백길이 시작됐다. 숲은 온통 동백 천지라고 해도 과언이 아니었다. 제 목을 꺾어 떨어진 동백

이 누군가 일부러 흩뿌려 놓은 것처럼 낭자했다. 붉은 양탄자를 깔아 놓은 것 같았다. 동백을 밟지 않으려 발을 조심스럽게 내디뎌야 할 정도였다. 잠시 숨을 고를 겸 나무둥치에 앉아 있는데 누군가 어깨를 툭 쳤다. 고개를 돌아보니 아무도 없었다. 누굴까. 발치에 떨어진 동백 한 송이를 보고서야 어깨를 두드린 건 동백이었음을, 봄이 툭 툭 내 어깨를 친 것이었음을 알았다. 발끝에 구르는, 제 목을 통째로 분지르며 주저 없이 떨어져 내린 동백의 처연함 혹은 결연함이란.

동백숲 터널을 쉬엄쉬엄 오르다 보니 갑자기 하늘이 열리며 마른 억새 군락이 나타났다. 그리고 펼쳐지는 광대한 풍경. 굽이치며 나아가는 아찔한 기암절벽 양편으로 일망무제의 바다가 펼쳐졌다. 거문도 등대 방향으로 길을 잡아 불탄봉을 향해 걸었다. 수평선 너머에서 불어오는 세찬 바람이 소매 깃을 사정없이 잡아챘다. 날씨가 잔뜩 흐린 데다 가스가 많아 시야는 좋지 않지만, 능선을 따라 바다를 양편으로 두고 나아가는, 이처럼 독특하고 아름다운 풍경을 보여주는 트레킹 코스가 국내에는 없다.

거문도 트레킹 코스에서 최고의 경관을 보여주는 곳은 '기와집 몰랑'이다. '몰랑'은 산마루를 뜻하는 전라도 사투리로, '기와집 몰랑'은 바다에서 보면 이 능선이 기와지붕 마루처럼 보인다고 해서 붙여진 이름이다. 기와집 몰랑에 서면 섬 끝에 거문도 등대가 서 있는 모습이 한눈에 들어온다. 구물구물 공룡의 꼬리처럼 이어지는 능선 끝에 흰 등대가 아스라이 서 있다. 등대는 1905년 세워져 첫 불을 밝혔다. 남해안 최초의 등대다. 지금은 2006년 새로 지은 등대가 그 옆에서 불을 밝힌다. 34m 높이의 꼭대기엔 팔각형 전망대도 설치되어 있다.

날씨가 맑으면 여기서 백도가 보인다고 한다.

기와집 몰랑을 지나 신선이 내려와 매일 바둑을 두었다는 신선바위와 아차바위를 지나면 길은 다시 동백숲으로 이어진다. 그리고 365계단이 나타나는데 경사가 제법 심하다. 계단을 내려서면 시멘트 길이 나오고 이 길을 따라 바다를 가로지르는 나무 계단을 따라가면 해발 128m의 수월산에 닿는다. 그러니까 거문도 등대는 수월산에 있는 셈이다. 멀리서 보면 서도와 수월산이 떨어져 있는 것 같지만 사실은 갯바위로 연결되어 있다. 이 갯바위가 바로 '목넘어'다. 목넘어에서 수월산 거문도 등대까지는 앞에서도 말했다시피 산책코스다. 자연석을 깐 걷기 좋은 길이 이어진다. 이 길에도 동백꽃이 융단처럼 깔려 있다.

세상의 모든 바다와 몸을 섞는 곳 ──

거문도에서 나오는 길, 배는 심하게 출렁였다. 하늘은 순식간에 먹구름으로 뒤덮였고 바람은 한결 거세졌다. 거문도로 향했던 여행객들이 궂은 날씨 탓에 한꺼번에 빠져나오느라 배는 만석이었다. 다행히 여수항에 도착하자마자 비가 그쳤다. 여객선터미널 주차장을 빠져나와 무술목으로 향했다. 혹여 구름이 걷히면 일몰이라도 볼 수 있을까 하는 기대에서였다. 돌산읍 굴전마을에 있는 무술목은 '무술년 전적지', '무서운 목'이라는 뜻을 가진 해변이다. 1588년(무술년) 이순신 장군이 까막만에 침범해 온 왜선 60척을 수장시킨 데서 이름 붙었다. 여수 사람들은 '피내'라고 부르기도 한다. 왜군이 많이 죽어 바다

가 핏빛으로 물들었다는 뜻이다. 이름과는 달리 무술목은 참 예쁜 해변이다. 사금처럼 고운 모래밭이 펼쳐져 있고 뒤편에는 무성한 송림이 자리하고 있다. 모래밭과 송림 사이에 몽돌밭이 있는데, 밀물이 지면 몽돌밭까지 파도가 밀려온다. 잘박잘박, 파도가 몽돌을 어루만지는 소리가 꿈결 같다. 두터운 구름 탓에 일몰은 볼 수 없었지만 파도 소리에 귀를 씻을 수 있어 그나마 다행이었다.

무술목에서 여수 시내를 향해 오다 돌산공원으로 핸들을 꺾었다. 차로 공원까지 오를 수 있다. 낮에 보는 돌산대교는 볼품없지만 해가 지고 불이 들어오면 그 모습이 완전히 달라진다. 불이 켜지는 7시 정도. 돌산대교를 밝히는 불은 시시각각 그 색깔이 변한다. 노란색이었다가 붉은색, 다시 초록색으로 바뀐다. 자봉도, 화태도, 월호도, 금오도, 금오도를 오가는 배들이 돌산대교 아래를 지나 여수항으로 들어간다.

돌산공원에서는 여수항이 내려다보인다. 십년 전 이맘때, 거문도에서 나와 저녁의 여수항을 어슬렁거렸던 것 같다. 술 취한 사내들의 왁자지껄한 고함 소리와 뱃고동 소리가 뒤엉켜 있는 곳. 등을 구부리고 낚시에 열중하는 사내들의 실루엣이 밤의 항구를 지키고 있는 곳. 항구의 어느 낡은 여관에서 한강의 《여수의 사랑》을 읽었던 것 같다.

'그 앞바다의 녹슨 철선들은 지금도 상처 입은 목소리로 울부짖어대고 있을 것이다. 여수만(灣)의 서늘한 해류는 멍든 속살 같은 푸릇푸릇한 섬들과 몸 섞으며 굽이돌고 있을 것이다. 저무는 선착장마다 주황빛 알전구들이 밝혀질 것이다. 부두 가건물 사이로 검붉은 노을이

불타오를 것이다.'

지금 줄거리는 기억나지 않지만 바늘처럼 아픈 소설이었고, "세상에 있는 모든 물은 바다로 흘러가고 그 바다는 여수 앞바다와 섞여 있어요"라는 주인공의 말은 머릿속에 또렷이 남아 있다.

―――

장어구이는 칠공주식당(061-663-1580)의 장어구이와 자매식당(061-641-3992)의 장어탕이 유명하다. 여수 어디에서나 눈에 띄는 식당 간판이 '게장백반'을 하는 집이다. 봉산동에는 아예 게장 거리가 만들어져 있다. 두꺼비식당(061-643-1880)과 황소식당(061-642-8037)이 많이 알려져 있다. 조일식당(061-655-0774)은 사철 삼치구이를 내는 곳. 커다란 새우튀김도 별미다. 덕충식당(061-664-7838)과 자봉식당(061-663-3263)은 가성비 좋은 백반집이다.

우리 생에 만날 수 있는
가장 빛나는 숲

인제 속삭이는 자작나무숲

단
한 번의
여행

지난해 2월, 터키 이스탄불을 다녀온 이후 여행을 쉬고 있다. 일년 반 동안 비행기를 타지 못했다. 뉴욕과 세렝게티, 아이슬란드, 조지아, 남극을 여행하려던 계획을 접었다. 일본 후쿠오카의 식당을 사진에 담으려 취재를 몇 번 다녀왔고 후속 취재를 해야 했지만 그 계획도 깨끗하게 접었다.

대신 강릉과 속초, 화천, 의성, 하동, 부산, 강진, 제천 등을 여행했다. 아내, 아이들과 함께 다녔다. 우리는 바다에서 카약을 탔고 서킷에서 레이싱 카를 몰았다. 호수가 내려다보이는 숙소에서 안개 가득한 아침을 맞았고 아주 오래된 두부집에서 두부를 구워 먹기도 했다. 자유로를 끝까지 따라가면 철책선 앞에 조그마한 카페가 우두커니 서 있다는 것도 알게 됐다. 지금은 제주도에서 한 달을 살아볼 생각을 하고 있다.

팬데믹 이전, 나는 여행을 좋아하지 않는 여행작가였다. 회사원이 회사에 가기 싫어하듯, 여행작가인 나는 여행 가는 것을 싫어했다. 삼각대를 세우고 카메라를 세팅하는 그 시간이 너무 지겨웠다. 그리고 팬데믹이 왔다. 내 여행은 조금씩 달라졌다. 팬데믹 속에서 나는 가족과 함께 느리게, 느긋하게 이 땅을 여행했다. 사람들과 떨어져 우리끼리 머물렀다. 나는 여행이 조금씩 좋아지기 시작했다. 가족과 여행을 하며 나는 앞으로 어떤 여행을 해야 할 것인지 희미하게나마 깨달아 가고 있다.

얼마전 인제 원대리 속삭이는 자작나무숲에 다녀왔다. 원래 소나무 숲이었는데 솔잎혹파리 피해를 받아 벌채한 뒤 1989~1996년에 걸쳐 약 138ha의 넓이에 자작나무 약 70만 그루를 심었다.

숲 입구에서 탐방로를 따라 약 1시간을 올라가면 자작나무 41만 그루가 심어진 숲을 만난다. 은빛 수피를 입은 높이 20~30m의 자작나무들이 빼곡하게 들어 서 있다. 마치 북유럽 어느 나라에 온 듯한 기분이 든다. 깊이 심호흡을 하면 가슴 속 가득 상쾌한 숲 내음이 밀물처럼 들어온다. 쓰다듬으면 매끄러운 껍질의 질감이 고스란히 손에 전해진다.

입구에서 자작나무로 만든 인디언집이 있는 전망대까지 왕복 약 3시간 정도가 걸리는데 초등학생 이상이면 충분히 다녀올 수 있다. 자작나무는 순수한 우리말이다. 불에 탈 때 '자작자작' 소리를 낸다고 해서 이런 이름이 붙었다. 옛날엔 초가 없을 때, 대신 자작나무 껍질에 불을 붙이기도 했다고 한다.

팬데믹이 끝나면 뉴욕과 세렝게티, 아이슬란드, 조지아, 남극엘 가려 할 것이다. 하지만 굳이 안 가도 된다. 못 가도 그뿐이다. 그렇지만 가족과 함께 계획중인 숲여행은 해 보고 싶다. 이 땅의 오래된 중국집에 다 다녀보고 싶은 마음도 있다. 어쨌든 나의 여행은 조금 더 사랑하는 사람에게로, 조금 더 가까운 곳으로 향할 것이다. 거기에 다 있

다는 걸 알게 됐으니까.

―

강원도 인제에 자리한 인제스피디움은 최고의 스피드를 만끽할 수 있는 곳. 총 연장 3,908km의 서킷은 일반인에게도 개방되어 있어 짜릿한 레이싱을 경험해볼 수 있다. 이론교육 80분과 실전주행 30분을 이수하면 라이선스를 발급받을 수 있는데 이 라이선스를 소지한 사람은 스포츠 주행이 있는 날에는 본인 소유 자동차로 서킷을 주행할 수 있다. 경험 많은 아마추어 드라이브들은 서킷에서 보통 시속 200km 이상의 속도를 내는데 관람석에서 이들이 직접 몰고 질주하는 자동차를 보고 있으면 거대한 엔진음 소리가 귀를 먹먹하게 만든다. 독일차의 전설 비틀, 영국차의 전설 미니, 영화 〈졸업〉에서 더스틴 호프만이 몰았던 알파 로메오 스파이더 등이 전시된 클래식카박물관도 빼놓을 수 없는 곳이다.

옛날원대막국수(033-462-1515)의 막국수와 감자전이 맛있다. 고향집(033-461-7391)은 직접 만든 두부와 콩비지찌개로 유명하다. 인제스피디움 챔피언스클럽(033-480-9933)의 황태라면도 별미다.

다친 마음을 위로하는
따스한 노을과 깊은 맛

태안의 풍경과 음식들

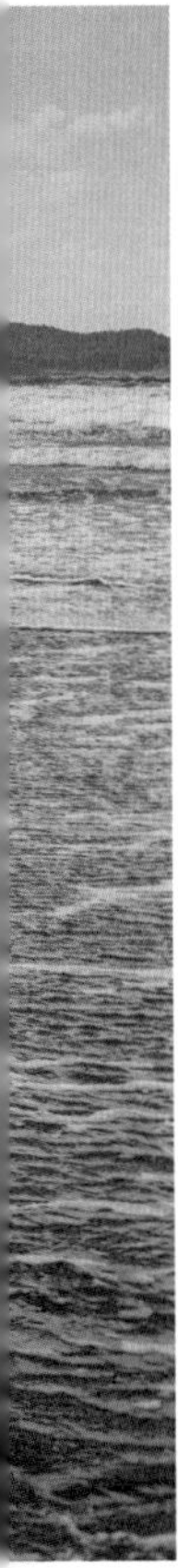

단
한 번의
여행

풍경들 ──

꽃지해변은 누구나 한 번쯤 가보았을 것이다. 우리나라에서 가장 아름다운 일몰을 보여 주는 바닷가 중의 한 곳이다. 꽃지라는 이름은 '꽃이 많이 피는 곳'이라는 뜻. 한자로는 화지(花地)라고 한다.

수평선 너머 바다가 빨갛게 달아오를 무렵이면 사람들이 약속이나 한 듯 하나둘 바닷가로 몰려든다. 끝이 보이지 않을 정도로 넓게 펼쳐진 해변에는 사람들로 가득 찬다. 그리고 해변을 덮쳐 오는 낙조. 붉은 해가 할미, 할아비바위 사이로 떨어질 때면 여기저기서 아, 하는 탄성이 터져 나온다.

나는 풍경이 사람을 위로해 준다고 믿는다. 사랑하는 사람을 잃었을 때나 누군가의 거짓말 때문에 마음을 다쳤을 때, 우리를 위로하는 건 풍경이다. 힘들고 지쳤을 때 우리가 여행을 떠나는 이유는 풍경이 지닌 이런 힘을 알기 때문이다. 아름다운 풍경을 보는 일은 좋은 음악을 듣는 것과 다르지 않다.

안면도 남쪽 끄트머리에 자리한 '바람아래'도 낙조를 보기 좋은 곳이다. 시 〈사평역에서〉를 쓴 시인 곽재구 역시 바람아래의 풍광에 반해 그의 산문집《포구기행》에서 이렇게 노래하기도 했다.

'이곳에서는 바람의 눈썹이 보였다. 시간의 눈썹과 모래의 눈썹 또한 보였다. 한없이 아늑하고 고요했으므로 그들이 지닌 눈썹 또한 보였다. 한없이 고요했으므로 그들이 지닌 눈썹 몇 개가 하늘로 올라가 낮달의 영혼과 만나는 모습도 보였다.'

저물 무렵 바람아래에 서 보자. 수평선 너머 점점 꺼져 가는 해를 보고 있노라면 괜히 마음 한구석이 어지러워진다. 가슴 속에 무슨 무늬가 새겨지는지는 사람마다 다를 일. 어떤 이의 마음속에는 꽃무늬가, 어떤 이에게는 그리운 사람의 얼굴이, 어떤 이에게는 지금 옆에 있는 사람의 모습이 음표처럼 떠서 우리네 가슴을 울릴지도 모를 테니.

신두리 해안사구는 허무의 풍경을 보여준다. 우리나라에서 보기 드문 지형을 가진 곳으로 마치 사막을 연상케 하는 넓은 모래 언덕이 펼쳐져 있다. 모래 언덕은 무려 1만 5천 년이란 기나긴 세월에 걸쳐 만들어졌다. 수십 년 전만 해도 신두사구는 쓸데없는 모래밭에 지나지 않았지만 1990년대 말부터 한반도에서 보기 드문 사막지형으로 알려지면서 일반의 관심을 끌기 시작했다. 봄, 여름이면 해당화, 갯멧꽃 등 각종 갯벌 식물들이 자라고 가을, 겨울이면 억새 숲이 병풍처럼 드리워진다.

음식들 ──

풍경만 우리를 위로하는 것이 아니다. 때로는 맛있는 음식이 풍경보다 더 우리의 낙심을 어루만져 준다. 태안을 대표하는 음식이라면 박속밀국낙지탕이다. 이름 그대로 박의 속으로 우려낸 말간 국물에 낙지를 넣고 한소끔 더 끓인 음식이다. 박속과 낙지가 절묘하게 만나 빚어낸 그 시원한 국물 맛은 평생 잊을 수 없을 정도다.

박속밀국낙지탕을 시키면 박속과 대파 등이 담긴 커다란 전골냄비가 나온다. 국물이 끓을 때쯤 꿈틀거리는 싱싱한 낙지를 통째로 넣는다. 주의할 것은 색깔이 연한 갈색으로 바뀌었을 때 곧바로 건져 먹어야 한다는 것. 너무 오래 끓이면 낙지가 질겨진다. 다 익은 낙지는 파를 잘게 썰고 고춧가루를 뿌린 조선간장에 찍어 먹는다. 초장도 좋지만 간장에 찍어 먹는 것이 더 개운하다. 낙지를 먹은 후에는 칼국수와 수제비를 채 썬 호박과 함께 넣어 밀국을 끓여 먹는다. 박속과 낙지가 버무려진 국물과 칼국수, 수제비가 만나 또 다른 맛을 선사한다.

태안은 질 좋은 꽃게로 유명한데, 근흥면에 자리한 '화해당'은 그 꽃게로 만든 간장게장 덕에 전국적인 명성을 얻었다. 꽃게장을 주문하면 방금 지은 밥과 함께 등딱지, 몸통과 다리가 분리된 간장게장이 나온다. 게딱지에는 노랗고 빨간 내장과 알이 꽉 들어 있다. 상 위에 놓이는 그 순간부터 향긋한 게장 향이 코를 자극한다.

맛을 보면 '역시' 하고 고개를 끄덕이게 된다. 간장은 짜지 않으면서도 감칠맛이 난다. 물론 게장 특유의 보드레한 맛도 가득하다. 주문과

동시에 안치는 밥은 여느 식당에서 내놓은 스테인리스 그릇에 꾹 눌러 담긴 공깃밥과는 차원이 다르다. 김이 솔솔 나고 윤기가 자르르 흐르는 밥은 그 자체로 맛있다. 화해당은 봄에 꽃게를 사 급랭한 뒤 1년 내내 사용한다.

간장게장과 함께 태안의 대표적인 밥도둑이 우럭젓국이다. 우럭은 예부터 서해안에서 많이 잡히던 생선이다. 냉동시설이 좋지 않던 시절에는 우럭을 소금에 절여 말린 우럭포가 흔했는데, 우럭 대가리와 뼈로 육수를 우리고 꾸덕하게 마른 우럭과 두부, 무를 넣어 끓인 것이 바로 우럭젓국이다. 투명하고 개운한 국물 맛이 일품으로 부드러운 두부와 쫄깃하게 말린 우럭의 조화도 좋다. 술꾼들의 해장국으로 좋은데, 우럭젓국 한 숟가락이면 숙취가 눈 녹듯 사라진다.

———

박속낙지탕은 원풍식당(041-672-5057)과 이원식당(041-672-8024)이 가장 유명한데 어느 집이나 맛은 비슷하다. 식당을 방문하기 전에는 미리 전화를 해서 낙지가 있는지를 확인하는 것이 좋다. 화해당(041-675-4443)은 최근 수요미식회에 나오면서 찾는 사람이 더 늘었다. 우럭젓국은 태안 읍내에 자리한 토담집(041- 674-4561)이 유명하다. 이원면에서 곧장 서쪽으로 향하면 모항항이다. 천리포 가까이 자리한 작은 포구다. 이 포구에는 어민들이 직접 잡은 생선과 근처 갯벌에서 캔 조개를 파는 수산물직매장이 만들어져 있다. 고만고만한 가게들이 양옆으로 삼사십 미터 정도 늘어서 있다. 모항항은 태안에서 회가 가장 싼 곳. 회를 사면 매운탕 거리는 기본이고 해삼, 멍게, 새우, 홍합, 바지락 등을 서비스로 듬뿍 집어준다. 산지에서만 누릴 수 있는 행복이다.

부석사 ──

부석사를 몇 번 여행했다. 1999년 여행기자가 되어 동가식서가숙하며 밥을 버는 직업을 가지게 된 이후 지금까지, 이런저런 이유로 부석사라면 열너댓 번은 취재 여행을 갔던 것 같다. 속된 말로 지겹도록 갔지만 그때마다 부석사가 좋았고 또 좋았다. 무량수전 옆 석탑에 앉아 소백산맥 위로 아득하게 내리는 노을을 바라보았던, 사과꽃이 하얗게 피었던, 은행나무가 노랗게 물들었던, 발목까지 눈이 쌓였던…… 부석사를 찾았던 날들.

부석사. 노란 은행나무길 끝에 자리한 절집. 저물 무렵이면 소백산맥을 넘어온 장엄한 노을이 절집 안마당에 내려앉고 법고와 목어 소리가 울려 퍼진다.

무량수전의 배흘림기둥. 최순우 선생이 그의 책 《무량수전 배흘림기둥에 기대서서》에서 "그리움에 지친 듯 해쓱한 얼굴로 나를 반기고, 호젓하고도 스산스러운 희한한 아름다움은 말로 표현하기가 어렵다"고 썼던 그곳. 실제로 이곳에 가보면 어떤 미학적 수사도 필요 없는 순전한 아름다움 앞에 그만 마음이 먹먹해지고 만다. 화려한 단청도 없이 조촐하고 검박한 처마를 올려다보노라면 왜 선생이 '그리움

에 지친 듯 해쓱한 얼굴'이라 말했는지 고개가 끄덕여진다.

부석사 무량수전 뒤편에는 부석이라는 돌이 있다. 커다란 암회색의 바윗덩어리다. 이 바위에 전설이 깃들어 있다. 의상을 사모한 선묘낭자가 몸을 던져 바다의 용이 돼 의상의 뱃길을 지켰다고 한다. 도적의 무리가 사찰창건을 훼방 놓을 때 거대한 바윗돌을 띄워 도적을 물리쳤다. '부석'(浮石)이란 이름은 여기서 유래했다.

부석사에서는 꼭 저녁까지 기다린다. 해 질 때 무량수전 앞에 선다. 소백산맥 능선 너머로 해가 진다. 바람이 무량수전 풍경을 흔들고 지나간다. 황금빛 노을이 배흘림기둥을 비춘다. 사람들은 부석사 앞마당에 앉아 노을을 맞는다. 법고 소리가 울린다. 목어가 울리고 운판이 운다. 네발 달린 짐승과 물고기들, 그리고 날짐승들의 죄를 씻어 주는 소리. 사람들의 죄는 누가 씻어 주나. 그런 생각이라도 하듯, 법고 주위에 모여든 사람들은 아무도 말이 없다.

죽령옛길 ──

여기는 소백산역이다. 희방사역에서 이름이 바뀌었다. 죽령옛길 걷기의 출발점이다. 소백산역을 출발해 죽령 고갯마루까지 약 2.5km. 고개에 도착해 한숨 돌리고 다시 길을 되짚어 소백산역으로 돌아오는 여정. 왕복 세 시간이면 넉넉하다.

죽령옛길은 소백산 도솔봉과 제2연화봉 사이에 있다. 1910년대까지만 해도 많은 사람들이 이 길을 애용했지만 일제 강점기 때 철도가 개설되고 국도 5호선이 뚫리면서 역사 속으로 사라졌다. 그러다 경북 쪽의 죽령 옛길이 복원되면서 소백산역에서 죽령 정상에 이르는 산길에 다시 길손이 붐비기 시작했다.

중앙고속도로 고가도로 아래를 지나자 사과나무 과수원이 펼쳐진다. 길은 과수원 사이를 지나 꼬리를 치며 달아난다. 지금 나무에는 연두색 아오리 사과가 잔뜩 달려 있다. 바람이 불어 사과나무가 흔들리고 사과 향이 향수처럼 뿌려진다.

길옆 평상에 사과가 가득 담긴 바구니가 놓여 있다. 동그란 사과 하나를 사서 바지에 슥슥 문질러 닦은 후 한 입 베어 문다. 사과의 여린 속살이 입안에 가득 찬다. 맛있다. 달고 시다. 소백산의 계절이 한 알의 사과 속에 담겼다.

죽령옛길, 숲은 사과처럼 달고 시다. 걸을 때마다 짙은 풀냄새가 콧속으로 훅훅 스민다. 물푸레나무며, 신나무, 참나무, 떡갈나무, 고추나무, 잣나무들. 그리고 으름덩굴이며 청가시덩굴이며 인동덩굴이며 칡덩굴, 종덩굴이며 노박덩굴이 다 함께 어울려 뿜어내는 숲 냄새는 달짝지근하고 또 시큰하다.

죽령옛길은 내내 오솔길이다. 사람 한 명이 지나가기에 안성맞춤인 그런 오솔길이다. 숲은 울창해서 맵디매운 뙤약볕도 힘을 쓰지 못한다. 걷다 보면 풀섶 이슬이 바짓단을 슬며시 적시고, 어디선가 안개가 불현듯 불어오고 밀려와서 어깻죽지를 서늘하게 누르곤 한다.

죽령옛길은 내내 고요하다. 무릎을 치고 가는 흰나비의 날갯짓도 고요하고 전나무 가지를 설핏 흔들고 가는 바람의 움직임도 고요하다. 매발톱꽃과 노루오줌꽃은 고요하게 피고 사과나무밭 아오리 사과도 고요하게 열린다.

나는 걷기를 멈추고 숲 어느 곳에 가만히 자리를 펴고 앉는다. 이 고요. 오랜만에 느껴 보는 고요. 7월과 8월의 번잡하고 시끄러운 날들을 지나와 비로소 만나는 고요. 가족에게서 떨어져서, 애인에게서 떨어져서, 생활에게서 몇 발짝 떨어져서 느껴보는 고요. 이 온전한 고요는 부디 왕복 5km, 두 시간만이라도 도망가지 말아라.

―――

성혈사는 의상대사가 창건한 절로 본당 위쪽에 자리한 나한전이 볼만하다. 보물 제832호. 1553년에 세우고 1634년에 중건했는데 정면 세 칸의 문짝들에 새겨진 문살이 독특하고 아름답다. 1543년 주세붕이 안향을 기리기 위해 세운 소수서원은 풍기군수였던 퇴계가 임금에게 건의, '소수서원'이란 이름을 하사받은 국내 최초의 사액서원이다. 안동 도산서원과 함께 경북지방의 대표적 서원 중 하나로 대원군의 사원 철폐령에도 살아남은 곳이다. 서원 앞의 죽계천 너머에 있는 취한대라는 자그마한 정자가 예쁘다.

순흥전통묵집(054-634-4614)은 옛 방식 그대로 묵을 만들어 낸다. 메밀가루를 물에 풀어 묵을 쑤는 것이 아니라 직접 통메밀을 맷돌에 갈아 앙금을 모으고 가마솥에 장작을 때 묵을 쑨다. 풍기인삼갈비(054-635-2382)는 한우 갈비에 쌉싸름한 인삼을 섞은 달큰한 양념을 버무려 낸다. 왕갈비의 맛도 좋지만, 얇게 저민 인삼을 넣어 진하게 끓여낸 갈비탕의 맛도 빼놓을 수 없다. 돼지갈비도 맛있다. 영주에는 서부냉면(054-636-2457)이라는 유명한 냉면집이 있다. 면은 메밀 맛이 짙고 한우 사골과 동치미 국물을 배합해서 만든 육수 맛도 짙다.

풍기읍내 정도너츠(054-636-0043)의 생강 도넛이 별미다. 튀겨낸 찹쌀 도넛을 진득하게 섞어 놓은 생강과 깨, 땅콩가루 등에 버무려 내놓는다. 부석사 앞에 산채집과 백반집이 여럿 있다. 종점식당(054-633-3606)의 산채정식과 산채비빔밥이 맛있다.

혼자 있고 싶은 시간의 가을
공세리 성당과 봉곡사 숲길 그리고 곡교 천변길

공세리 성당

공세리 성당은 국내에서 가장 아름다운 성당 가운데 하나다. 붉은 벽돌과 먹빛 벽돌의 대조가 예쁘다. 성당은 수령 300년 이상의 고목 일곱 그루에 아늑하게 둘러싸여 있다. 단풍도 곱고 눈 덮인 겨울 풍광도 예쁘다. 드라마 〈모래시계〉, 영화 〈태극기 휘날리며〉 등의 배경이 되기도 했다. GOD도 뮤직비디오를 만들었고 안치환도 성당의 은행나무 아래서 노랫말을 썼다고 한다.

성당은 프랑스 출신의 드비즈 신부가 1922년 중국인 기술자를 데려와 지었다. 성당 터는 조선 시대 충청, 전라, 경상도 일대에서 거둔 조세를 쌓아 두었던 공세 창고가 있던 자리다. 성당 옆 팽나무 가지 아래에는 성모상이 있고 성당을 감싼 숲 그늘의 오솔길 가장자리에 십자가의 길 조상(재판에서 십자가형을 받고 죽기까지의 예수 수난을 기억하고 참배하기 위해 그 과정을 14개로 나누어 조각상으로 만든 것)이 있다.

때론 혼자 있을 곳이 필요하다는 사람들. 단 한 시간만이라도 혼자 시간을 보내고 싶은 분들께 공세리 성당을 추천해 드린다. 무릎을 오그리고 가슴에 얼굴을 파묻고 얼마간 가만히 있어 보시길. 왜 그런 시간이 필요한지는 그렇게 있어 보면 안다. 말로는 자세히 설명할 수 없지만 꼭 그렇게 해 보시길. 때로는 견딜 수 없이 외로울 때, 그럴 때 가 보면 좋겠다. 누군가에게 위로 받고 싶을 때, 그런 때 말이다.

곡교 천변길 ──

바람이 불 때마다 노란 은행잎이 후두둑 떨어진다. 음표처럼 잠시 허공에 머물렀다가 지상으로 내려앉는다. 아이들은 땅바닥에 수북하게 쌓인 은행잎을 뿌리며 즐겁게 뛰어다닌다. 연인들은 팔짱을 끼고 다정스럽게 걷는다. 은행나무 길은 아름답고 그 길 위를 걷는 사람도 아름답다.

아산 현충사 가는 길. 넓고 깊은 은행나무 길이다. 길이로 따지면 2~3km 남짓. 차로 쌩하고 달리면 5분이면 지나칠 길이다. 하지만 현충사 길이 주는 행복감은 아득할 정도로 크다. 높이 10m를 훌쩍 넘는 아름드리 은행나무들이 2열 종대로 울창하게 우거져 있다. 나무와 나무의 가지가 맞닿아 터널을 이루고 있다.

10월 말이면 길은 온통 노란빛으로 물든다. 차를 몰고 길을 따르다 보면 은행나무 잎이 차창으로 비처럼 쏟아진다. 천국으로 가는 길이 있다면 아마도 이런 풍경일까. 곡교 천변을 따라 현충사에 이르는 이 길은 2000년과 2001년에 산림청이 주최한 '아름다운 숲 전국대회'에서 2년 연속 우수상을 수상했다. 은행나무 터널에 한 번 빠져 들어가 보면 상을 받은 이유에 대해 고개를 끄덕이게 될 것이다. 길은 현충사 앞까지 이어지는데, 현충사 앞의 은행나무들도 예쁘다.

사랑을 고백하고 싶은 대상이 있다면 이 길을 함께 걸어 보시라. 곡교 천변에서 피어오른 물안개가 은행잎을 적시는 새벽이어도 좋고, 가을 햇살 환한 한낮도, 은행나무 그림자가 길어지는 저물 무렵도 좋다. 사랑이란 것이 누가 알아주는 게 아니다. 말하고 고백해야 안다. 고백하지 않는 사랑은 사랑이 아니다. 때로는 단도직입적으로 뚜벅뚜벅. 난 널 사랑해.

봉곡사 숲길 ──

송악면 유곡리에 있는 작은 고찰이다. 신라 시대 진성여왕 때 도선국사가 창건했는데, 고려 땐 석암사로 불렸다고 한다. 사실, 절보다 더 유명한 건 '천년의 숲길'이라고 다소 거창하게 이름 붙은 소나무 숲길이다. 길이는 약 700미터 남짓. 백 년 안팎씩 묵은 큼직한 소나무들이 어깨를 기대 모여 있고 그곳에서 맑고 시원한 솔바람이 시냇물처럼 흘러나온다.

솔숲 진입로에 들어서면 나지막한 탄성이 절로 새어 나온다. 미끈하게 빠진 아름드리 소나무가 빽빽하게 모여 있다. 이 길 참 좋고 편안하다. 길은 높낮이가 뚜렷하게 느껴지지 않을 정도로 완만하다. 할아버지 할머니에서 손자 손녀까지 온 가족이 함께하면 좋을 정도로 평탄한 길이다.

이 좋은 숲에 커다란 아픔이 새겨져 있다. 이 숲길의 장대하고 멋진 소나무 중 상당수는 깊은 상처를 갖고 있다. 소나무를 자세히 보면 밑동에 V자로 움푹 팬 자국이 새겨진 것들이 있다. 어림잡아도 성인 주먹 두 개 크기 정도로 크다. 이들은 모두 일제가 송진을 채취하기 위해 만든 것들이다. 2차 세계대전이 한창이던 1940년대 초반, 일제는 석유 대신 쓰려고 송진을 채취했는데 당시 일제는 한반도의 소나무숲에서 마구잡이로 송진을 채취하거나 나무를 벌채해 갔다. 그래도 봉곡사 숲은 벌채의 위기에서는 벗어날 수 있었다. 숲이 봉곡사를 감싸 안고 지켜 주듯이 사찰도 숲을 지키기 위해 애썼기 때문이다.

완만한 경사로를 따라 이어지는 솔 숲길을 따라 발걸음을 한 걸음씩 옮긴다. 새삼 '느림'과 '비움'의 묘미를 느낄 수 있다. 제법 연륜이 쌓인 소나무들이 연출하는 구불구불한 숲길이 다정하다. 나무도 길도 연륜이 쌓이면 저절로 구부러진다. 구부러진다는 건 너그러워진다는 뜻이다. 길을 걸으며 새삼 겸손과 느림, 비움에 대해 느낀다.

숲길이 끝나는 곳에 봉곡사가 있다. 산비탈에 돌 축대를 쌓고 지은 아담한 절이다. 별다른 요사채는 없다. 대웅전과 향각전, 삼신각이 전부다. 세월의 흔적을 말해 주듯 대웅전 처마를 채색한 단청은 색이 바랬다. 돌계단을 걸어 절 왼쪽 언덕에 있는 삼성각에 오르면 절의 모습이 한눈에 들어온다.

봉곡사는 조선 말기 고승 만공 스님이 도를 깨우친 절이기도 하다. 절 입구 왼쪽 언덕에 만공 스님의 친필이 새겨진 만공탑이 있다. 높이 4m가 좀 넘는다. 2단의 연화대좌 위에 동자 셋이 연꽃무늬를 두른 받침돌을 떠받치고 그 위에 다시 작은 받침을 올렸다. 맨 위의 우주를 상징하는 둥근 돌에는 만공 선사의 글씨 '세계일화(世界一花)'가

새겨져 있다. 이 세상 모든 사람, 모든 존재, 모든 나라, 우주 삼라만상이 모두 하나라는 의미다.

봉곡사에서 온양온천 방향으로 5분쯤 가다 보면 피나클랜드다. 아산만방조제 공사 때 까부숴진 석산의 초라한 몰골을 10여 년간 가꾸어 예쁜 정원으로 탈바꿈시켰다. 메타세쿼이아 진입로가 멋스럽다. 아름다운 정원과 레스토랑, 연못과 잔디밭 등이 어우러져 한나절 소풍을 즐기기에 좋은 곳이다.

안양온천역 가까운 유림분식(041-548-4273)은 칼국수로 유명한 집. 바지락 육수에 계란을 살짝 풀어 나온다. 비빔국수도 맛있다. 쌍둥이네매운탕(041-547-8851)은 민물새우매운탕과 어죽이 맛있다.

우리네 삶은 곧 저러한 모습으로 외로워지겠구나

황룡사지와 고분군

경주를 찾을 때마다 저물 무렵이면 황룡사지로 발걸음이 저절로 간다. 황룡사지를 어슬렁거리며 무너진 석탑과 절이 있던 자리와 부처가 앉았던 자리, 무심히 서 있는 당간지주 등을 바라보고 천천히 쓰다듬다 보면 천년 왕국의 비밀이 손끝을 타고 전해지는 것 같다.

절터는 넓다. 동서 288m, 남북 281m. 이 자리에 구리 3만 근과 황금 1만 198푼이 들어간 본존불 금동장륙상이 있었고 동양 최대의 목탑인 9층 목탑이 있었다. 에밀레종보다도 규모가 4배 더 나간다는 황룡사종도 있었다. 하지만 지금은 없다. 몽골군의 침입으로 모조리 불타 버렸다. 본존불을 모시는 금당 터에는 불상을 올려놓는 커다란 석조 대좌가 남아 있다.

광활한 폐사지를 이리저리 거닐어 보시길. 그 옛날 거대한 절을 떠받쳤을 돌무더기로 가서는 무릎을 구부리고 앉아 돌들을 쓰다듬어 보시길. 황룡사지 서쪽 끝에 감나무 한 그루가 서 있고 그 아래 절을 짓는데 사용됐던 돌들이 오글오글 앉아 있다. 황룡사를 떠받쳤던 커다란 주춧돌도 있고 맷돌도 있다. 세숫대야로 쓰였던 돌도 있다. 어떤 돌은 연꽃을 새겼고 어떤 돌은 부처님 얼굴을 새겼다.

그 돌들 위에 무릎을 구부리고 앉아 돌들을 쓰다듬으며 황룡사지에 천천히 깃드는 오후의 햇살을 보고 있노라면 마음은 고요해지고 아늑해진다. 그러면서 우리네 삶은 곧 저러한 모습으로 외로워지겠구나 하는 생각에 젖기도 하고, 그러니까 착하게 살아야겠구나 하며 서툰 다짐 같은 것도 해 본다. 그나저나 이 돌무더기들은 무슨 생각으로 하루를 보낼까.

날 저물 때 다 되어서는 황룡사지를 나와 대릉원 근처로 간다. 경주는 무덤의 도시라고 해도 틀린 말이 아니다. 노서·노동동 고분군을 비롯해 대릉원이며 황오리 고분군, 황남리 고분군, 내물왕릉, 오릉 등등. 무덤들 사이에 도시가 들어앉아 있는 형국이다. 경주 사람들은 무덤들 사이에서 아침을 맞고 산책을 하고 체조를 하고 술을 마시고 사랑을 한다. 그런데 그 모습을 상상해 보면 전혀 그로테스크하지도 기괴하지도 낯설지도 않다. 죽음 역시 우리네 무덤덤한 일상의 한 부분이려니…… 이렇게 깨우쳐 준다.

고분군이라고 앞에서 딱히 하는 일은 없다. 이 능들, 참 예쁘다… 요렇게 감탄하며 우두커니 서 있다. 무덤들이 예쁘다면 우습지만, 해 질 무렵이면 이 무덤들이 보는 이의 가슴을 쿵쾅거리게 한다. 해가 능 뒤로 슬금슬금 넘어갈 때쯤이면 능 주변으로 불이 들어오는데 봉긋한 능의 곡선과 어우러져 절묘한 풍경을 그려낸다. 게다가 뒤편 선도산의 곡선까지 어우러져 만들어내는 깊고 그윽한 한 장면은 사진 찍는 이의 밝은 눈이 아닌 무지렁이 여행객도 감탄하게 만든다.

동궁과 월지 밤 산책도 좋다. 신라의 궁궐을 화려하게 장식했던 연못. 좁은 연못을 넓은 바다처럼 보이도록 하기 위해 어느 곳에서도 연못

전체를 조망할 수 없도록 만든 것이 특징이다.

노을이 간 지는 오래다. 어둠이 짙고 그만큼 별이 밝다. 동궁의 처마가 환하다. 신라 천년의 밤이 이토록 찬란했을 것이다.

―

황룡사지는 구황동에 있다. 국립경주박물관 앞 사거리에서 동궁과 월지 뒤쪽으로 나 있는 길을 따라 500m 가면 황룡사지가 나온다. 분황사에서 황룡사 터로 들어갈 수도 있다. 차는 분황사 입구에 세워 두어야 한다. 분황사도 함께 돌아보면 좋다.

경주는 쌈밥과 해장국으로 유명하다. 쌈밥집은 대릉원 동쪽 편 골목 후문 쪽에 몰려 있다. 삼포쌈밥(054-749-5776)은 30년의 역사를 가지고 있다. 배추와 상추, 호박 등의 채소와 함께 양념장, 젓갈, 막장 등이 나온다. 경주역 부근 팔우정 로터리에 있는 해장국집골목은 해장국과 함께 김치 장아찌, 해초, 콩나물, 메밀묵이 나온다. 맛이 담백하고 소박하다. 명동쫄면(054-743-5310)은 유부를 가득 넣은 유부쫄면이 별미다. 황리단길 진가네 대구갈비(054-772-1384)의 돼지갈비찜은 매콤한 맛이 일품이다. 최부잣집 옆 골목의 교리김밥(054-772-5130)은 달걀지단을 듬뿍 넣은 김밥으로 유명하다.

"그러니까 밀물이,
모래를 적시는 소리가 고요하게"

자월도

> 단 한 번의 여행

배는 인천대교 아래를 지나 먼바다를 향해 가고 있다. 끼룩거리는 갈매기 소리가 뱃전에 후드득 떨어진다. 여객선터미널에서 가져온 지도를 펼쳐 본다. 자월도는 옹진군에 있는 섬이다. 인천에서 서남쪽으로 35km, 영흥도에서 서쪽 7km 정도 떨어져 있다. 지도를 보면 대부도, 선재도, 측도, 영흥도를 차례로 지나야 닿는다. 선미도와 덕적도, 소야도, 소이작도, 대이작도, 승봉도, 굴업도, 백아도, 울도 등이 오밀조밀 모여 있는 바다, 그러니까 서해 중부 해상 부근에 가로로 길게 펼쳐진 모습으로 떠 있다. 섬이 생긴 모양은 누운 눈썹달 같기도 하고, 빙긋이 웃는 입술 모양 같기도 하다.

자월도라… 참 예쁜 이름이다. 紫, 月, 島. 한자를 풀어 보니 붉은 달이 걸린 섬이라는 뜻이다. 하지만 이런 예쁜 이름이 붙은 사정은 오히려 애달프다. 자월도는 조선 시대 삼남 지방에서 세금으로 거둔 곡식을 배에 실어 서해 바다를 따라 올라오다 잠시 쉬어 갔던 섬이었다고 한다. 곡식 운반을 맡은 아전들이 폭풍우 때문에 이 섬에서 자주 발이 묶이곤 했는데, 고향으로 빨리 돌아가고 싶은 초조한 마음에 밤하늘을 쳐다볼 때마다 검붉은 달만 무심히 빛나고 있었으니, 그래서 붙은 이름이 자월도라고 한다. 자월도라는 이름에는 애당초 그리움이 내장되어 있는지도 모르겠다.

자월도 여행의 들머리는 달바위 선착장이다. 이곳에서 자월도를 오가는 모든 배가 들고 난다. 배가 닿는 시간 선착장은 잠시 소란스러워진다. 트럭이며 승용차, 짐보따리를 든 할머니, 할아버지들이며 낚시 가방을 들쳐 맨 낚시꾼들이 뒤섞여 어수선하다. 그리고 그들을 내려놓고 배가 떠나고 나면, 트럭이며 승용차며 할머니며 할아버지며 낚시꾼들이 모두들 제 갈 길을 가고 나면 선착장은 다시 고요에 젖어든다. 수평선 너머에서 밀려드는 파도 소리와 갈매기 우는 소리가 간간이 들릴 뿐이다.

자월도는 작은 섬이다. 300여 가구가 살아간다. 마을은 1리와 2리, 3리 세 곳으로 모두 바람이 덜한 자월도 남쪽 해변에 자리하고 있다. 북쪽은 갯바위가 많아 낚시꾼들이 주로 찾는다. 그래도 학교와 면사무소, 소방서, 농협, 민박집이며 펜션, 식당, 중국집 등 있을 만한 건 다 들어 서 있다.

자월도는 작정하고 돌아보자면 두어 시간이면 충분하다. 해변 3곳과 섬을 내려다볼 수 있는 나지막한 봉우리인 국사봉이 전부인데, 여행객들이 가장 먼저 찾아가는 곳은 장골해수욕장이다. 달바위 선착장에서 면사무소가 있는 큰말로 가는 길목에 있다. 길이가 약 1km, 폭 40m에 달한다. 고운 모래가 깔린 해변은 반달처럼 휘어져 있고 해변 뒤편에는 울창한 소나무숲이 있어 여름이면 따가운 햇볕을 피할 수 있다. 장골은 조곡을 실은 배가 자월도에 잠시 기착했을 때 반짝 장이 서던 곳이라고 해서 붙은 이름이다. 해변에 서면 덕적도, 대이작도, 소이작도, 승봉도 등이 선명하게 보인다.

장골해수욕장을 찾은 때는 때마침 썰물이었다. 4월의 철 이른 해변은 썰렁하다. 바닷물은 한참 멀리까지 밀려 나가 있다. 검은 갯벌을 드러낸 해변은 스산하기까지 하다. 드넓은 개펄에는 개불을 캐는 어부와 그를 따라 나온 강아지 한 마리가 전부다. "아직 좀 이르죠. 4월 중순이나 되어야 사람들이 찾아와요. 그때면 바지락도 많이 나요. 칠게며 달랑게도 잡을 수 있죠. 주말이면 서울에서 온 관광객들이 바글바글해요. 지금이야 뭐, 개불이나 조금 잡을까."

장골해수욕장 말고도 자월도에는 해수욕장이 더 있다. 면사무소 앞의 큰말해수욕장은 장골해수욕장에 비해 아담하다. 이곳 역시 갯벌체험과 해수욕을 즐기기 좋다. 모래사장도 곱고 깨끗해 가족 단위로 온 여행객들이 주로 이용한다. 이곳에서도 썰물 때면 소라, 고동, 참게 등을 주울 수 있다.

장골해변에서 한참을 논다. 바닷가 이쪽에서 저쪽까지 걸어가 보고 발자국을 되짚으며 뒷걸음질을 쳐보기도 한다. 소라며 고동 껍질을 두 손 가득 주워 담아 보기도 한다. 어떤 날은 이렇게 쓸모없는 일을 하며 보내고 싶기도 한데, 어쩌면 오늘이 그런 날인지도 모르겠다. 어쨌든 오늘은 지긋지긋한 도시를 떠나왔고 일 따위는 생각하지 않아도 되는 날이니까. 게다가 해변은 생각하는 인간들을 아주 싫어한다.

어느덧 밀물이다. 바닷물이 슬금슬금 들어오기 시작한다. 귓전에 물결 소리들이 찰랑거린다. 파도의 리드미컬한 움직임과 바닷가에 둥지를 트는 새까만 바닷새의 처량한 울음소리들. 바닷가 산책은 이런 소리들 때문에 아무런 동행이 없이 혼자 유유히 걸음을 옮겨 다녀도

심심하지 않다. 문득 가까운 덕적도 출신인 한 시인의 시가 떠오른다. 밀물에 대한, 섬에 얽힌 그의 유년에 대한 아름다운 찬사. 그의 시를 웅얼거리며 걷는 자월도에서의 어느 한때.

"그러니까 밀물이 / 모래를 적시는 소리가 / 고요하게 불 끄고 잠든 마을 집들의 지붕을 넘어 / 우리집 뒷마당 가득하게 될 때나 / 우리집 뒷마당도 넘쳐 내 숨을 적실 때 / 달팽이관 저 깊이 / 모래알과 모래알 사이 물방울의 길처럼 세상은 / 내 뒤를 따라오지 못하고 나는 / 배고파도 그 / 속에서 나오기 싫었다/ 지금은 그 물결 소리가 무엇을 적시는지/ 내가 숨차졌다"(장석남 〈덕적도〉 중에서)

해가 지기 시작한다. 서쪽 하늘이 오렌지빛으로 물들어 간다. 장골해수욕장에서 바다 쪽을 바라보면 오른편에 독바위라는 작은 바위섬이 있는데 4월이면 무성한 숲을 이고 있는 이 섬 뒤편으로 해가 넘어가는 풍경이 볼 만하다.

수평선 너머에서 번지기 시작한 노을은 삽시간에 섬을 덮친다. 섬을 집어삼키기라도 할 듯 맹렬한 기세다. 이 세상 어디에서도 보지 못했던 황홀한 일몰이다. 가슴이 먹먹해지도록 아름다운 풍경이다.

지금은 혼자이지만 당신을 꼭 데려와야겠다고 생각한다. 햇빛으로 넘쳐나는 다정한 사월의 섬, 자월도. 당신 손을 잡고 따뜻하게 데워진 해변을 맨발로 걷고 노을 속을 산책하는 일. 당신에게 이 섬을 보여주는 것으로 내 마음을 대신하고 싶다.

대부해운(www.daebuhw.com)이 인천연안여객터미널과 안산 대부도 방아머리 선착장 등 두 곳에서 카페리를 운항하고 있다. 평일은 한 차례, 주말과 공휴일엔 두 차례 왕복 운항한다. 차를 가지고 가려면 서둘러야 한다. 무조건 선착순이어서 머뭇대다가는 차를 싣지 못할 수도 있다. 자월도까지 1시간 20~30분 소요된다. 자세한 정보는 옹진군 문화관광 홈페이지(www.ongjin.go.kr/tour)를 참조하자.

그물 위로 춤추는
은빛 멸치
기장 대변항과 송정역

4월이면 부산 기장 앞바다는 은빛 비늘을 반짝이며 헤엄치는 멸치 떼로 가득 찬다. 4월 중순부터 기장 앞바다에는 멸치가 떼로 몰려들기 시작하는데 6월이면 그야말로 '물 반 멸치 반'이다. 한해살이인 멸치는 봄에 알을 쏟고 여름에 죽는다. 6월 말까지 기장 앞바다로 번식을 위해 찾아드는 멸치는 조류가 순해지는 조금물 때, 반달이 떠오르는 밤을 기다려 암초 위에 알을 쏟고는 짧은 생을 마친다. 기장 대변항의 어부들은 이 멸치들을 쓸어 담으며 생을 산다.

기장 대변항에서 잡히는 봄 멸치는 씨알이 굵고 살이 연해 조선 시대 임금에게 진상할 정도로 유명했다. 지금 기장은 전국 유자망 멸치 어획고의 70퍼센트를 생산한다. "메루치회 함 묵어보이소." "오늘 막 털어온 거라이." "봄 멸치 하면 기장 멸치 아인교. 두말하면 잔소리니 함 묵어보소." 대변 포구를 걷고 있노라면 경상도 아지매 특유의 거친 억양이 발길을 잡아 끈다.

멸치 배가 들어오면 포구는 비로소 부산해진다. 배가 포구에 닿는 순간, 아낙들이 그물 양쪽 가장자리를 당겨 잡아 주면 선원들이 탈망에 들어간다. 그물을 털어 멸치를 모으는 과정이다. 비옷을 입고 두건을 쓴 7~8명의 선원이 '칫! 치-' '으쌰- 으샤-'하는 구령에 맞춰 왼손과 오른손을 번갈아 당기며 그물을 펼치며 털어낸다. 그물이 한 번 펼쳐

질 때마다 멸치가 허공으로 튀어 올랐다가 투두둑 떨어진다. 아낙들은 배 주위로 몰려와 부둣가 밖으로 떨어지는 멸치를 플라스틱 대야에 잽싸게 주워 담는다. 아낙들의 대야에 담기는 멸치는 대가리가 떨어져 나가고 몸통 일부도 여기저기 마구 잘려 나간 것들. 이것들은 소금을 뿌려 바로 젓갈로 만든다.

갈매기 떼도 멸치를 먹기 위해 하얗게 날아든다. 해마다 이즈음이면 전국의 사진작가들이 이 장면을 찍기 위해 몰려든다. 선원들은 지금까지 카메라 세례를 많이 받아서인지 무덤덤하다. 일정한 리듬을 타며 선원들이 멸치를 털어 내는 광경은 보는 이의 입을 떡 벌어지게 할 정도로 장관이다. 선원들의 덩실대는 어깻짓에 맞춰 '툭! 툭!' 하며 포구를 울려대는 그물 터는 소리, 헉헉거리는 선원들의 밭은 숨소리가 어우러져 마치 한바탕 신명나는 굿판을 벌이는 듯하다.

하지만 선원들에게는 4시간 가까이 계속되는 탈망은 말할 수 없을 정도로 힘든 작업이다. 그물을 한 번 터는데 그물이 줄어드는 길이라고 해 봤자 고작 1m 정도. 1.4km의 그물을 다 털어 내려면 그야말로 팔다리에 피가 몰린다. 이런 까닭에 일종의 최면 상태에 다다르지 않으면 작업을 끝낼 수 없다. 멸치를 잡는 일은 탈망에 비하면 아무것도 아닌 것이다. 이토록 고된 작업이다 보니 멸치잡이 배를 타려고 하는 선원도 없다. 요즘은 동남아시아 노동자들이 가끔 탈망 대열에 끼기도 한다.

기장을 찾았다면 해동 용궁사에 들러 보자. 수산과학원 가는 길을 따라 5분 정도를 가면 된다. 1376년 공민왕의 왕사였던 나옹화상이 창건했다. 국내 대부분의 절이 산에 있지만 해동 용궁사는 특이하게도 바닷가 기암괴석 위에 자리 잡고 있다. 그 까닭에 '수당법당'이라고도 한다. 대웅전 앞마당에서 넘실대는 동해 바다를 볼 수 있다. '기도'가 잘 먹히는 절로 알려져 있는데 기도한 사람의 소원 한 가지씩은 꼭 들어준다고 한다.

동해남부선은 이름 그대로 동해안의 남쪽 해안지역을 달리는 노선이다. 부산진역에서 시작해 해운대역, 송정역, 불국사역, 경주역 등을 지나 포항역까지 39개 역을 지나는데 국내의 철도 노선 가운데 가장 낭만적인 철로이기도 하다. 짧게나마 바다를 보며 달리는 철길 구간이 있기 때문이다. 해운대역에서 송정역까지 이르는 약 10여 분의 구간은 오른쪽 차창으로 푸른 동해를 바라보며 기차 여행을 즐길 수 있다.

―――

대변항 주변에 멸치회를 내는 횟집이 많이 몰려 있다. 멸치회는 특별한 양념이 필요 없기 때문에 어느 집이나 다 비슷비슷하다. 기장에서만 맛볼 수 있는 특별한 음식이 또 있는데 바로 멸치찌개다. 멸치를 통째로 넣고 된장과 우거지, 미나리, 방아잎 등으로 국물을 진하게 낸 것이다. 전혀 비리지 않고 맛이 구수하다. 기장 곰장어(0507-1312-2934)의 곰장어 구이 역시 반드시 맛봐야 할 음식. 볏짚으로 불을 질러 구워 먹는 전통 방식의 '짚불구이 곰장어'로 유명하다.

삶은 제자리로 돌아간다
〈어쩌다 사장〉 촬영지 원천상회

단 한 번의 여행

〈어쩌다 사장〉은 인심 좋기로 소문난 사장 차태현과 '애매추어' 셰프 조인성이 시골 슈퍼에서 보낸 일주일을 재미있게 담아낸 프로그램이다. 그런데 이들이 일하게 된 슈퍼가 보통 슈퍼가 아니다. 시골에 있는 조그만 슈퍼라고 생각했던 차태현과 조인성도 실제로 슈퍼에 와 보고는 깜짝 놀란다. 차표도 판매하고 가맥 코너도 만들어져 있고 라면같은 간단한 식사 거리도 판다. 그러니까 할 일이 참 많다는 거다.

TV를 열심히 보는 편은 아니지만 이 프로그램은 챙겨서 보았다. 차태현과 조인성의 친절하고 다정한 미소와 마음이 너무 보기 좋았다. 보는 내내 이런 작은 마을에서 슈퍼나 하나 꾸리고 살면 좋겠다는 생각이 들었다. 그러다가도 'TV 프로그램이니까 저렇게 평화롭게만 보이지, 사실 사는 건 다 똑같은 것 아니겠어? 나름 힘든 점이 많을 거야'하고 지금의 삶을 변명하기도 했다.

프로그램이 끝나고 많은 사람들이 찾아왔다고 한다. 원천상회도 많이 변했겠지. 화천에 취재를 갈 일이 있어 가는 김에 원천상회에 들렀다. 유월의 어느 무더운 일요일이었다. 가게에는 아무도 없었다. 주인 아주머니가 반갑게 맞아 주었다. "요즘엔 관광객들이 많이 안 오나 봐요." 아주머니는 웃기만 했다. "라면 하나 주세요. 근데 대게라면은 없네요?" "대게가 요즘 안 들어와요. 겨울이나 돼야지…"

파가 많이 들어간 라면 하나를 먹었다. 맛있었다. 라면을 먹는 동안 학생이 음료수를 사 가고 동네 할머니가 차표를 사러 왔다. 토마토 살 만한 곳을 여쭈니 아주머니가 전화번호 하나를 가르쳐 주었다.
"여기 토마토 맛있어요."

원천상회는 다시 제자리로 돌아왔다. 마을 입구에 우두커니 서 있다. 백 원짜리 동전을 올려 두었던 자판기에는 지금 '고장'이라는 종이를 붙여 놓았지만, 다시 주민들에게 커피를 나눠줄 것이다. 사람들도 원천상회를 까마득하게 잊을 것이고 무심히 차표를 끊을 것이다. 학교를 마친 아이들은 우르르 몰려와 아이스크림과 초코파이를 살 것이다. 오후 늦게 라면을 먹으러 오는 사람도 있을 것이다. 언제나 그렇듯 삶은 제자리로 돌아간다.

―――

거례리에 사랑나무가 있다. 수령 400년 이상으로 추정되는 이 느티나무는 이곳에서 사랑을 고백하면 이뤄진다는 이야기가 전해진다.

간동면사무소 앞에 자리한 유촌식당(033-442-5062)은 화천군민이 사랑하는 막국수 집이다. 시원한 동치미 국물에 직접 뽑은 메밀면을 가득 담아 내온다. 도토리 향이 진한 도토리전병도 맛있다. 압권은 감자를 직접 갈아 부쳐 낸 감자전. 쫀득한 식감이 최고다.

분홍과 파랑이 인도하는 5월

지품면 복사꽃과 강축 해안도로

단 한 번의 여행

5월에는 영덕에 가자. 그곳에는 분홍과 파랑이 있으니까.

안동에서 영덕으로 넘어가는 국도 34호선을 따라가다 황장재를 넘어서면 지품면에 닿는데, 동해로 흘러드는 오십천을 따라 복사꽃밭이 이어진다. 강변의 평평한 밭고랑은 물론 산비탈의 계곡까지 연분홍 복사꽃이 가득하다.

1960년 즈음부터 복숭아나무를 심었고 지금은 온통 복숭아나무 천지다. 봄이면 오십천을 따라 복사꽃이 밀물처럼 밀려온다. 오십천 지류인 대서천을 거슬러 오르면 옥계계곡 조금 못 미쳐 옥산리가 나타나는데 이곳의 복숭아밭도 사진작가들이 즐겨 찾는 곳이다.

복사꽃이 핀 도로를 따라가다 보면 사진작가들이 일렬로 서 있는 것이 보인다. 차를 세우고 그들 옆으로 가 보자. 원래 사진작가들은 풍경 보는 눈이 있고, 그 옆에 서면 자연스레 눈이 호강한다.

셔터 소리가 폭죽처럼 터지고, 벌들의 날갯짓이 귓가에 웅웅거린다. 콧속으로 스미는 복사꽃 향기도 아찔하다. 정신없으면서도 황홀한 봄이다.

오십천을 따라 동쪽으로 가면 영덕의 바다다. 강구항에서 918번 지방도와 7번 국도를 번갈아 타며 북쪽으로 이어지는 약 40킬로미터가량의 바닷길은 짙푸른 동해 바다와 함께 하는 길. 강구항에서 축산항까지 이어진다. 그래서 이 도로 이름이 강축 해안도로다. 대탄, 노물, 경정, 축산, 대진리 등 크고 작은 포구가 늘어서 있다. 오른쪽 차창으로는 파도 소리와 갈매기 울음소리가 쉼 없이 침범한다.

이른 아침이면 강구항 위판장에서 대게 경매가 진행되는데 배가 들어오는 대로 수백 마리의 대게를 바닥에 깔아 놓고 경매가 펼쳐지는 모습이 장관이다. 오전 8시부터 어선들이 실어 온 대게로 수협공판장 바닥은 수백 마리의 대게가 크기별로 놓여 있고 이때부터 치열한 경매가 시작된다.

뭔가 새로운 일을 시작하려는 분들은 강구항에 가 보시길. 새벽 포구는 새로운 각오를 다잡기 좋은 곳이다. "조금 늦은 것 같지만 시작해 보고 싶어." 이럴 때면 너무 늦었다고 말하는 사람이 있다. 실패할 거라고, 좀 더 신중히 생각해 보라고 말한다. 그런데 말이다. 지금까지 살아 보니 실패했거나 도전하지 않았던 사람은 안 된다고 하고, 성공한 사람은 시도해 보라고 했던 것 같다. 일단 해 보시길. 삶은 언제나 우리를 응원하고 있다. 포구에 가 보면 안다.

———

창포리에 풍력발전단지가 있다. 푸른 하늘을 배경으로 선 높은 발전기들이 색다르고 이국적인 풍경을 선사한다. 발전기 사이로 아스팔트 포장된 길이 나 있어 자동차로 쉽게 오를 수도 있다. 중앙고속도로 서안동 IC로 나와 34번 국도를 타고 안동 진보를 거쳐 황장재 고개를 넘으면 영덕까지 복사꽃 길이 이어진다.

강구항에 100여 곳에 이르는 대게 식당과 판매점이 있다. 대게잡이 철은 11~5월이다. 대게는 별다른 양념을 하지 않고 쪄서 먹기 때문에 특별한 맛집이 없다. 대게만 잘 고른다면 여느 집이나 그 맛이 비슷하다. 대게를 주문하면 20여분 후에 커다란 쟁반에 대게를 담아 온다. 손님 앞에서 종업원이 대게를 손질해 준다. 대게를 다 먹고 난 후 맛보는 대게 매운탕과 게 껍질에 담은 볶음밥도 별미다.

영덕 지품면 복사꽃과 강축 해안도로

어느 처마 아래,
우리가 손잡고 보낸 평화로운 세월
가을의 소쇄원과 봄의 명옥헌

당신과 함께 여행을 떠나고 싶다. 함께 대나무 숲의 일렁임을 바라보고, 함께 초록의 메타세쿼이아 숲을 걷고, 함께 소쇄원 마루에 앉아 바람의 흐름을 느끼고 싶다. 이 일들 모두는 우리가 시간을 나누는 일일 것이니, 내가 가진 시간의 일부를 떼어 당신에게 밀어 두는 일일 것이니. 훗날 당신이 나를 비로소 사랑하게 되었을 때 나는 그 시간을 끄집어내어 함께 바라보자고 당신에게 청할 것인데. 이 모든 것이 찬란하고 총명했던 담양에서의 시간.

소쇄원 ──

조선 시대 문인 양산보(1503~1557)가 일군 곳이다. 양산보가 스승인 조광조의 실권 이후 덧없는 세상에 환멸을 느끼고 낙향해 만들었다는 이곳은 '한국 최고의 정원'이라는 수식어가 부족함이 없을 정도로 아름다운 풍광을 자랑한다. 소쇄(瀟灑)는 '깨끗하고 시원하다'는 뜻이다.

소쇄원의 입구는 대숲이다. 대숲을 통과하면 자그마한 계곡을 끼고 얌전하게 들어선 정자 세 채, 외나무다리, 두 개의 연못이 보인다. 소쇄원은 크게 네 구역으로 구분된다. 정원의 입구 격인 대나무 숲길을

가을의 소쇄원과 봄의 명옥헌

따라 들어서면 짚으로 지은 정자 '대봉대'를 시작으로 소쇄원의 중추를 이루는 '광풍각', 집주인 양산보가 사색과 독서를 위해 즐겨 찾았다는 '제월당'이 차례로 모습을 드러낸다.

사랑방 역할을 했던 광풍각은 정철의 〈성산별곡〉, 송순의 〈면앙정가〉 같은 시가 문학의 대표작이 태어난 곳으로도 유명하다. 이 밖에도 내원을 감싼 돌담이나 계곡을 감상하기 좋은 '애양단', 넓은 암반이 있는 '오곡문' 등 어느 것 하나 무심히 지나칠 곳이 없다.

소쇄원은 맑고 화창한 날에 찾아도 좋지만 그 정수를 제대로 만끽하려면 비 오는 날이 제격이다. 소쇄원의 '소(瀟)'자에 '빗소리'라는 뜻이 담겨 있는 것에서도 알 수 있듯이 말이다.

제월당 아래 마루에 앉아 처마 끝을 따라 떨어지는 빗줄기를 보노라면 복잡다단한 속세의 피곤쯤은 금세 자취를 감출 것만 같다. 이곳을 찾는 그 누구라도 풍류 시인으로 만들어 줄 것 같은 단아한 자태가 우리를 유혹한다. 소쇄원은 현대 건축가 김수근이 한 달을 머물며 한국미의 뿌리를 찾았다고 할 만큼 조형미가 빼어난 곳이기도 하다.

대개 여행은 맑고 화창한 날이 어울리지만 담양 여행은 날씨가 흐려도 좋다. 흐린 날 우수수 대나무숲을 훑고 가는 바람 소리는 색다른 맛을 전해준다. 행여 소쇄원에 들렀을 때 가벼운 봄비라도 내린다면 정자에 앉아 우중(雨中) 소쇄원을 바라볼 일이다. 빗소리, 바람 소리, 댓잎 비비는 소리가 어우러져 더욱 운치를 더한다.

명옥헌

담양에서 가장 운치 있는 정자다. 한여름이면 붉게 꽃을 피우는 배롱나무로 유명하다. 명옥헌은 조선 중기의 문인 명곡(明谷) 오희도(1583~1623)가 관직을 훌훌 털어 버리고 자연을 벗 삼아 지냈던 곳이다. 오희도는 인조(1595~1649)가 왕이 되기 전인 능양군 시절 세 번이나 찾아가 시국을 논했던 인물. 명옥헌 마루에 오늘날까지 '삼고'(三顧)라는 현판이 걸려 있는 것도 이 때문이다. '삼고'는 삼국지에서 '유비가 제갈공명을 세 번 찾았다'는 '삼고초려'의 그것이다. 정면 세 칸, 측면 두 칸의 아담한 규모인데 전형적인 호남지방 정자의 모습으로 고졸하면서도 멋들어진다. 꾸밈이 없으면서도 품격이 있다. 수많은 사람이 찾아 흙먼지 폴폴 이는 소쇄원에 비해 명옥헌은 담장 하나 두르지 않는 소박함을 보여 준다.

어느 여름, 명옥헌 마루에 앉아 배롱나무 꽃잎을 장난처럼, 바람이 말리고 있었다. 시간이 흐르는 속도로 꽃잎은 날리고 있었으니. 그것 또한 우리가 옆에 앉은 사람의 손을 꼭 쥘 수 있는 핑계가 아닐까.

죽녹원 근처에 국수 거리가 있다. 진우네집국수(061-381-5344)가 가장 유명하다. 담양읍사무소 옆 덕인관(061-381-7881)은 떡갈비가 맛있는 곳. 창평장에 국밥 거리가 형성됐다고 한다. 뽀얗게 우려낸 국물이 구수하면서도 개운한 데다 순대와 내장이 그득하게 담겨 인심도 넉넉하다.

화순에서 만난
신비로운 가을

운주사와 숲정이숲

운주사는 갈 때마다 신비로운 절이다. '천불천탑'의 전설로 알려진 절. 경내를 가득 메운 기기묘묘한 석탑과 부처 조각은 누가, 언제, 왜 만들었는지 아직 밝혀진 바가 없다.

운주사의 탑은 우리가 보아 오던 탑이 아니다. UFO를 닮은 탑도 있고 항아리를 닮은 탑도 있다. 부여정림사지 5층 석탑을 닮은 백제계 석탑, 감포 감은사지 석탑을 닮은 신라계 석탑, 분황사지 전탑(벽돌탑) 양식을 닮은 모전 계열 신라식 석탑도 있다. 층수도 3, 5, 7, 9층 등으로 다양하고 탑에 새겨진 문양도 독특하다. 탑신에는 절에서 흔히 쓰는 연꽃문양이 아니라 X, V, ◇, ∥ 등의 그림이 그려져 있다.

부처의 얼굴은 또 어떤지. 하나같이 크기도 다르고 얼굴 모양도 제각각이다. 홀쭉한 얼굴도 있고 동그란 얼굴도 있다. 코는 닳았고 눈매는 희미하다. 눈, 코, 입이 단순하게 선만으로 처리된 부처의 얼굴도 있다. 어떻게 보면 못생겼고 어떻게 보면 우습게 생겼기도 하다. 근엄한 표정은 찾아볼 수 없다. 하나같이 우리 이웃들의 얼굴을 보는 듯 소박하고 친근하다.

운주사에는 도선국사의 전설이 얽혀 있다. 운주사에 천불천탑을 세우면 국운이 열릴 것으로 생각한 국사는 도력으로 하룻밤 사이

1,000기의 석탑과 1,000기의 석불을 세우기로 했다. 그런데 안타깝게도 동자승이 장난삼아 닭 소리를 내는 바람에 한 쌍의 불상은 세우지 못했다. 이 한 쌍의 불상은 절 서쪽 산비탈에 있다. 남편불과 아내불이 솔숲에 사이좋게 누워 있다. 정식 이름은 '운주사 와형석조여래불'. 크기는 각각 12.7m와 10.3m로 국내의 와불 중에는 규모가 가장 크다. 이 와불이 일어서는 날이면 '새로운 세상'이 온다고도 전해진다.

운주사 전체를 조망하려면 대웅전 뒤편 산 중턱의 공사바위에 오르면 된다. 여기에서 볼 때 맨 뒤쪽에 우뚝하게 서 있는 구층석탑이 운주사의 중심탑이다. 높이가 10.7m로 운주사에서 가장 높다. 연화탑으로도 불리는 원형다층석탑(보물 제798호)도 보인다. 탑신이 둥그런 탓에 '도넛탑', '호떡탑'이라는 재미있는 별명으로도 불린다.

잊혔던 운주사를 다시 세상에 알린 이는 소설가 황석영이다. 그는 조선 숙종 대의 의적을 다룬 소설《장길산》에서 천불산 골짜기의 운주사에 천불천탑을 세우고 마지막으로 와불을 일으켜 세우면 민중해방의 세계가 열린다는 것으로 대미를 장식했다. 이후 운주사는 미륵신앙의 혁명적인 성지로 부상하게 되었다.

노벨문학상을 받은 프랑스 소설가 르 클레지오는 〈운주사 가을비〉라는 시를 썼다. 2001년 대산문화재단의 초청으로 처음으로 한국을 찾았던 그는 운주사를 돌아보고 감동을 받아 프랑스로 돌아간 후 시를 써서 한국으로 보냈다.

"서울 거리에 / 젊은이들, 아가씨들 / 시간을 다투고 초를 다툰다. / 무언가를 사고, 팔고 / 만들고, 창조하고, 찾는다. / 운주사의 가을 단풍 속에 / 구름 도량을 받치고 계시는 / 두 분 부처님은 / 아뜩 잊은 채 / 찾고 달리고 / 붙잡고 쓸어 간다"

화순에는 꼭 가 봐야 할 아름다운 숲이 있다. 연둔리 숲정이로 '숲정이'란 마을 근처 숲을 가리키는 순수한 우리말이다. 동복 천변 둔동마을 앞에 700여 미터에 이르는 숲이 남북으로 길게 뻗어 있는데 1,500년경 마을이 형성되면서 조성한 것이라고 하니 벌써 500년을 훌쩍 넘었다. 느티나무, 팽나무, 서어나무, 왕버들이 빼곡한데 느린 걸음으로 천천히 거닐다 보면 이 땅의 가을이 얼마나 아름다운지 알 수 있다.

야사리 느티나무도 찾아보자. 이서 커뮤니티센터 앞에 자리하고 있다. 전라남도 기념물 제235호. 높이가 35m에 달한다. 수령은 약 400년 내외. 지금은 폐교가 된 이서 분교가 들어서 운동장을 만들 때도 이 나무를 보호했다고 한다. 멀리서 보면 한 그루로 보이지만 가까이서 보면 두 그루가 사이좋게 서 있다. 100미터 남짓 떨어진 곳에 조선 성종 때 심었다는 은행나무가 있다. 나라에 화가 있을 때는 우는 소리를 냈다고 한다. 지금도 매년 음력 정월 대보름이면 당산제를 지낸다.

야사리 느티나무 건너편에 '누룩꽃이 핀다'라는 빵집이 자리하고 있다. 막걸리로 빚은 누룩으로 스물아홉 시간 저온에서 발효해 빵을 만든다. 메뉴로는 통밀빵, 올리브치즈빵, 소보루빵, 단팥빵이 있다. 천연효모로 만든 건강한 빵이라고 소문이 나서 그런지 각 뉴스와 EBS

생활보감, MBN 천기누설, 생생정보통 등 많은 방송에 나왔다. 설탕을 전혀 넣지 않기 때문에 단맛이 없으며 누룩으로 만들어서 그런지 술빵 같은 냄새가 약간 난다. 가게 앞에 테이블이 마련되어 있고 커피도 판매하기 때문에 느티나무를 바라보며 늦은 아침을 느긋하게 즐겨 보는 것도 좋을 듯.

———

이양면 증리에 자리한 쌍봉사는 대웅전, 극락전, 요사채, 해탈문 등 달랑 4채로 이루어진 작은 절집이다. 쌍봉사에서 가장 눈에 띄는 것은 대웅전이다. 3층 목조탑 양식으로 조선 중기에 세워졌다. 법주사 팔상전(국보 제55호)과 함께 국내에 두 개밖에 없다고 한다. 지금의 것은 1984년 불에 탄 것을 복원한 것이다.

화순전통시장 근처에 위치한 봉순이팥죽칼국수(061-375-8735)에서는 전라도식 팥칼국수를 맛볼 수 있다. 걸쭉한 팥죽 속에 쫄깃한 칼국수가 듬뿍 담겨 있다. 싱싱한 바지락과 미역을 넣고 끓인 바지락 칼국수도 팥칼국수에 뒤지지 않는 뛰어난 맛. 화성식육식당(061-374-2806)은 생고기와 머릿고기로 만든 편육이 유명한 집이다. 생고기는 쇠고기를 생으로 먹는 것을 말한다. 두툼하게 썬 소고기를 마늘 양념한 참기름장에 찍어 먹는다. 1975년 문을 열었고 화순에서 최초로 '백년가게'라는 타이틀을 획득했다. 오케이사슴목장가든(061-372-9433)에서는 참숯을 이용해 산닭을 구워 먹을 수 있다. 산닭은 모두 농장에서 직접 키운 것. 노릇노릇 구워낸 닭고기는 담백하면서도 쫄깃하다. 기름이 자르르 흐르는 닭껍질 맛은 명불허전이다. 닭구이 전에 닭고기 육회도 맛볼 수 있다. 자연의 미학(010-9437-2100)은 생기자마자 화순에서 가장 '핫'했고 지금도 가장 '핫'한 카페. 노출 콘크리트로 지어진 미니멀한 건물 속에 나무로 만들어진 테이블과 의자가 무심한 듯 놓여 있다. 누룩꽃이핀다(061-372-6464)는 매주 월요일 휴무.

화순 운주사와 숲정이숲

눈물이 나도록 아름다운

선암사와 송광사 그리고 순천만

조계산(884m)은 그다지 높지 않지만 선암사와 송광사라는 천년 고찰을 둘씩이나 품고 있다. 이 두 절은 굴목재라는 산길(8.7km)을 통해 이어진다. 선암사 쪽을 큰굴목재, 송광사 쪽을 송광굴목재라 부른다.

들머리는 선암사. 절까지 1.5km의 흙길이 이어진다. 이팝나무, 서어나무, 굴참나무, 팽나무, 조팝나무, 산딸나무, 느티나무가 깊은 그늘을 드리웠다. 길 끝에는 승선교가 있다. '선녀들이 승천한다'는 뜻을 가진 돌다리 승선교. 국내에서 가장 아름답다고 손꼽히는 무지개다리다. 승선교 아래로 보이는 강선루 풍경이 그림 같다.

선암사는 백제 성왕 때인 529년 아도화상이 세운 비로암을 통일신라 도선이 재건한 고찰. 태고종의 본산이다. 400년 전 지어진 해우소는 우리나라 최고의 화장실로 꼽힌다. 선암사 앞에는 도선국사가 팠다는 작은 연못인 삼인당이 있고 연못 맞은 편에는 찻집 선각당이 있다. 찻집 뒷길이 굴목재로 오르는 길. 선암사 제2 부도밭을 지나 다리를 건너면 곧 울창한 삼나무숲이 기다린다. 삼나무와 편백나무가 어우러진 숲이다.

어떤 이는 선암사가 가장 아름다울 때는 봄이라고 한다. 매화에 산수유며 영산홍, 자산홍, 동백, 벚꽃이 흐드러지는 봄철이면 정신이 아득

선암사와 송광사 그리고 순천만

할 정도로 아름답다고 한다. 아직 봄날, 선암사는 가 보지는 못했지만 그 아름다움은 이미 본 듯 눈에 선연하게 그려진다. 하기야 선암사는 한 번 가 보고 다 봤다는 듯 다시는 가 보지 않을 절이 아니지 않은가.

선암사 반대편 조계산 자락에는 송광사가 자리한다. 양산 통도사, 합천 해인사와 더불어 삼보사찰(三寶寺刹)로 꼽히는 명찰로, 국사 16명을 배출했다. 영정을 봉안하는 국사전과 목조삼존불감, 고려고종제서 등 국보 3점과 하사당, 영산전 등 보물 16점 등 국가 문화재 21점이 있다.

굳이 이 두 사찰을 함께 소개하는 이유는 굴목이재라 불리는 숲길을 통해 이 두 사찰이 이어지기 때문. 숲길의 길이는 약 6.5km 정도. 부지런한 걸음으로 3시간이면 걸어 볼 수 있다. 산길은 편백나무, 상수리나무, 굴참나무 등이 터널을 이루고 있는 데다 푹신한 흙길이라 가벼운 트레킹을 즐기기에 좋다. 여건이 된다면 꼭 한 번 걸어 보시라고 권해 드린다. 참고로 선암사 쪽에서 오르는 것이 편하다.

아 참, 선암사 '뒷간'은 놓치지 말기를. 우리나라 유일한 문화재 뒷간이다. 입구에는 버젓하게 현판까지 걸려 있다. 정호승 시인은 이런 시를 쓰기도 했다.

"눈물이 나면 기차를 타고 선암사로 가라/ 선암사 해우소에 가서 실컷 울어라/ 해우소에 쭈그리고 앉아 울고 있으면/ 죽은 소나무 뿌리가 기어 다니고/ 목어가 푸른 하늘을 날아다닌다/ 풀잎들이 손수건을 꺼내 눈물을 닦아주고/ 새들이 가슴속으로 날아와 종소리를 울린다/

눈물이 나면 걸어서라도 선암사로 가라/ 선암사 해우소 앞/ 등 굽은 소나무에 기대어 통곡하라"(정호승의 시 〈선암사〉 중에서)

순천만은 우리나라의 가을을 대표하는 풍경이다. 간조시에 드러나는 갯벌의 면적만 해도 총면적이 12㎢에 달하며, 전체 갯벌의 면적은 22.6㎢나 된다. 여기에 총면적 5.4㎢에 달하는 거대한 갈대 군락이 펼쳐져 있다. 세계 5대 연안 습지 중 하나이기도 하며 연안 습지 중 최초로 '람사협약'에 등록되기도 했다.

순천만을 처음 찾은 것은 1998년이었다. 철새 취재차 갔다가 거대한 갈대밭에 그만 마음을 뺏기고 말았다. 새벽 안개가 점령한 우윳빛 갈대밭은 김승옥의 소설 〈무진기행〉에 나오던 그대로였다.

"무진에 명산물이 없는 게 아니다. 나는 그것이 무엇인지 알고 있다. 그것은 안개다. 아침에 잠자리에서 일어나서 밖으로 나오면, 밤사이에 진주해 온 적군들처럼 안개가 무진을 뼁 둘러싸고 있는 것이었다. 무진을 둘러싸고 있던 산들도 안개에 의하여 보이지 않는 먼 곳으로 유배당해 버리고 없었다. 안개는 마치 이승에 한(恨)이 있어서 매일 밤 찾아오는 여귀(女鬼)가 뿜어 내놓은 입김과 같았다."

이후 해마다 순천만을 찾았던 것 같다. 그리고 그동안 순천만의 모습도 많이 바뀌었다. 한때 마구잡이로 식당이 들어섰고 술 취한 관광객으로 어수선했던 갈대밭은 깨끗하게 정비됐다. 자연생태관이 들어섰고 갈대밭에는 친환경 탐방로가 조성됐다.

순천만을 가장 잘 볼 수 있는 곳은 용산전망대다. 갈대밭 탐방로가 끝나는 지점에서 약 1km만 더 걸으면 전망대 정상에 닿을 수 있는데, 이곳에 서면 둥근 갈대 군락들 사이로 S자를 그리며 미끄러져 나가는 물길을 볼 수 있다. 해 질 무렵이면 수많은 사진 애호가들이 순천만의 낙조를 담기 위해 찾는 촬영 포인트이기도 하다.

보다 한적한 순천만을 원한다면 해룡면 상내리 와온마을로 가 보시길. 순천만 동쪽 끝머리에 앉아 있는 포구마을이다. 100여 가구가 개펄에 기대 산다. 꼬막이 많이 나는데 마을 사람들은 길다란 판자인 '널'을 타고 들어가 참꼬막을 캔다. 와온마을의 일몰도 아름답다. 순천만에서 보는 것처럼 화려하지는 않지만 따뜻하면서도 소박하다. 사람의 마음을 어루만져 주는 묘한 매력이 있다. 시인 곽재구는 그의 책《포구기행》에서 이렇게 읊었더랬다.

"불빛들이 빛나기 시작한다. 저 불빛은 화포의 불빛이고, 저 불빛은 거차의 불빛이며, 저 불빛은 와온마을의 불빛이다. 하늘의 별과 순천만 갯마을들의 불빛을 차례로 바라보며 나는 어느 쪽이 더 아름다운가 하는 싱거운 생각에도 잠겨 본다. 당신 같으면 어느 쪽을 택할 것인가. 나의 선택은 마을의 불빛들이다."

―

낙안읍성은 초가집이 옹기종기 모여 있는 전통마을이다. 웅장한 성문을 지나 마을에 들어서면 마치 조선 시대로 거슬러 온 듯한 느낌을 받는다. 흙벽에 잿빛 초가지붕을 인 초가집들. 돌담 사이로 작고 예쁜 고샅길이 나 있고 고샅길마다 몇백 년은 됨직한 아름드리 느티나무와 팽나무가 서 있다. 이리저리 얽혀 있는 비좁은 고샅길을 따라가다 보면 저절로 마음이 푸근해진다. 순천 시내에 자리한 순천드라마 세트장은 드라마 〈자이언트〉, 〈사랑과 야망〉, 〈에덴의 동쪽〉 등 시대극 촬영 장소로 유명하다. 60년대부터 80년대까지의 시대상을 만날 수 있다. 순천의 60~70년대를 그대로 재현한 소도읍 세트장부터 60년대 태백 탄광마을, 70년대 서울 달동네, 80년대 서울 변두리를 완벽하게 재현해 마치 시간여행을 떠나온 듯 즐겁다.

짱뚱어탕은 순천만에 위치한 순천만가든(061-741-4489)이 유명하다. 장어는 대대 포구에 자리한 강변장어구이집(061-742-4233)과 대대선창집(061-741-3157)이 잘한다. 선암사 앞 산채식당으로 장원식당(061-754-6362), 길상식당(061-754-5599), 선암식당(061-754-5232) 등이 있다. 조계산 굴목이재 등산코스에 자리한 조계산보리밥집 (061-754-3756)도 이름난 곳이다. 30년 전부터 터를 잡고 있다. 평상에 앉아 보리밥에 갖가지 나물을 비벼 먹는다. 선암사 가는 길 진일기사식당(061-754-5320)의 김치찌개 백반도 꼭 맛보시길.

단 한 사람을 위해 만든
찬란한 가을 숲

은행나무숲

단 한 번의 여행

홍천 내면에 황금빛 은행나무로 가득한 '비밀의 숲'이 있다. 광원리 686-4번지에 자리한 '은행나무숲'으로 매년 10월 한 달간만 일반인에게 개방된다. '비밀의 숲'이라고 한 이유는 애틋한 사연이 깃들어 있기 때문이다. 도시에서 사업을 하던 한 사업가는 아내가 만성 소화불량에 시달리며 오랫동안 고생하자 삼봉약수를 마시며 치료하기 위해 이곳을 찾는다. 그리고는 아예 정착하고 아내의 쾌유를 바라며 1985년부터 숲을 일구기 시작한다. 한 그루 두 그루 심기 시작한 나무가 지금은 2천여 그루를 훌쩍 넘었다.

숲에 들어서면 오와 열을 맞추어 울창한 은행나무가 방문객을 환하게 반긴다. 숲은 넓어서 무려 4만㎡에 달한다. 서울 잠실운동장 크기다. 하지만 은행나무숲의 넓이가 아무리 넓고 그 숲이 아무리 울창하다고 해도 아내에 대한 그의 사랑에 비길 수 있을까. 다행히 은행나무가 커가면서 아내의 병도 나았고 건강을 되찾았다고 한다. 숲을 만든 주인공들은 이곳에서 다정하게 잘 살고 있다고 한다. 숲은 만들어지고 나서 한 번도 개방하지 않다가 2010년부터 입소문이 나면서 개방하고 있다.

시월 한 달 동안 숲은 언제나 붐빈다. 나들이를 나온 가족, 다정하게 팔짱을 끼고 데이트를 즐기는 연인, 함박웃음을 지으며 셀피를 찍는 친구들, 커다란 카메라와 삼각대로 열심히 은행나무를 촬영 중인 사진작가들로 북적인다. 이 숲이 만들어진 사연을 아는지 모르는지 모두들 즐겁고 행복한 표정이다. 바람이라도 불어 은행잎이 우수수 떨어지면 다들 '우와'하며 탄성을 내지른다. 은행 냄새 걱정은 안 해도 된다. 이곳 은행나무들은 대부분 수나무라 열매를 만들지 않는다.

조금 늦게 찾아도 괜찮다. 은행나무숲은 잎이 떨어져도 그 아름다움이 조금도 사라지지 않는다. 노란 카펫이 깔린 숲길을 걷노라면 마음마저 절로 노랗게 물드는 것만 같다.

―――

은행나무숲에서 4.5km 떨어진 곳에 삼봉자연휴양림이 있고 삼봉자연휴양림 안에 삼봉약수가 있다. 은행나무숲 로맨스의 주인공들이 치료를 위해 찾았다는 바로 그 약수다. 실룬(실론)계곡에 있어 실룬(실론)약수라고도 불리는데, 물맛이 좋아 일찍이 '한국의 명수 100선'에도 들었다. 양양의 오색약수, 방태산 기슭의 인제 개인약수와 함께 우리나라 3대 약수로 손꼽힌다. 맛을 보면 쇠 맛이 은은하게 난다. 철분을 다량 함유하고 있기 때문이다.

양지말화로구이(033-435-7533)의 고추장화로구이가 유명하다. 고추장 양념으로 버무린 삼겹살을 참나무 숯불에 구워 먹는다. 중앙고속도로 홍천 IC 인근에 화로구이촌이 있다.

한 발 한 발
마음을 가다듬으며 걸었습니다

익산~김제~전주~완주 아름다운 순례길

> 단 한 번의 여행

걸었다. 오른발을 떼서 왼발 앞에 두었다. 그렇게 한 걸음 한 걸음 나아갔다. 지칠 때면 잠시 걸음을 멈추고 심호흡을 했는데, 그럴 때면 마음이라는 것이 보이는 것 같기도 했다.

전북에 '아름다운 순례길'이 있다. 불교, 천주교, 기독교, 원불교, 민족종교가 함께 손잡고 상생과 화합을 위해 만든 길이다. 전주, 익산, 김제, 완주 등 4개 시군의 경계를 넘나들어 제자리로 돌아오는 이 길은 나바위성당과 미륵산 금산사를 지나고 모악산을 돌아 한옥마을과 송광사까지 이어진다. 아름다운 자연 풍광 못지않게 종교마다 품은 곡진하고 진실한 이야깃거리가 스며 있고, 새로운 세상을 꿈꾸던 이들의 찬란한 이상에 가끔 눈이 부시다.

총연장 240km에 이르는 이 장대한 길은 전주 한옥마을 한국순례문화연구원에서 시작해 실타래처럼 이어지다 다시 이곳으로 돌아온다. 순례를 작정하고 오는 이들도 있어 일주일에서 열흘 동안 이 길을 모두 걷기도 하는데, 굳이 그럴 필요는 없을 듯. 마음이 가는 코스를 골라 자유롭게 걸으면 된다. 구간마다 시작점과 끝점이 있지만 여기에 얽매일 필요도 없다. 구간을 구분한 것은 접근의 편의를 위한 것. 길 위에 자유롭게 들었다 자유롭게 빠져나오면 된다.

먼저 익산. 천호~나바위, 나바위~미륵사지, 미륵사지~초남이 구간 등 3, 4, 5구간이 익산을 지난다. 첫 한국인 천주교 사제인 김대건 신부가 머물렀던 나바위성지, 초기 백제 불교 문화의 정수를 보여주는 미륵사지, 1866년 병인박해 때 순교한 10여 명의 순교자가 묻힌 천호성지가 이곳에 있다.

익산시 금마면 한가운데 솟은 미륵산. 그 산자락 아래에 미륵사가 앉았다. 폐사됐으니 엄밀히 말해 미륵사지다. 새벽의 광활한 절터는 넓고 황량하다. 그 터를 가득 메우고 있는 것은 적막과 고요. 새롭게 솟은 탑은 우뚝하면서도 어색하고 옛 탑은 흔적으로 도처에 흩어져 있다.

신라 땅으로 가 섬섬옥수 선화공주를 데려왔던 사내 무왕은 나라가 기울어 가는 시점에 이 절을 지었다. 동양에서 가장 컸다는 이 절을 세우며 그는 어떤 염원을 담았던 것일까. 시인 신동엽은 시 〈금강〉에서 이런 이야기를 들려준다.

'어느 날 선화는 미륵산 아래 산책하다 미륵불을 캤다. 땅에서 머리만 내놓은 미륵부처님의 돌, 마동왕의 손가락 이끌고 다시 가 보았다. 안개. 비단 무지개, 백성들이 모여 합장, 묵념. 그들은 35년의 세월 머리에 돌 이고 염불 외며 농한기 3만 평의 땅에 미륵사, 미륵탑 세웠다.'

백제의 고결한 웅지를 집약한 이 절을 두고 훗날의 역사는 '동양 최대 최고'라는 수식어로 치장한다. 《삼국유사》에는 '전각 탑 회랑을 각각 3개씩 세우고 그 이름을 미륵사라 했다'고 적혀 있는데, 2,000개가 넘는 돌을 정교하게 쌓아 올린 미륵사 탑은 목탑 양식으로 쌓은 최초

의 석탑이었고 우리나라에서 가장 컸다. 조선 중기의 지리서인 《신증 동국여지승람》에는 '미륵사 탑이 매우 크고 동방 석탑 중 최고다'라고 기록되어 있다. 미륵사는 새로운 미래불로서의 미륵이 상주하는 공간이었고, 기울어져 가던 백제를 구하려던 백성들의 바람이었다.

순례길의 새벽, 무작정 찾아든 미륵사지 석탑. 하지만 탑은 11년째 복원 중이다. 미륵사지에서는 지금까지 2만여 점의 유물이 출토되었는데, 고려와 조선 시대의 기록이 새겨진 명문 기와까지 나온 것으로 봐서는 미륵사가 조선 시대까지 사찰로 기능했다는 것을 알 수 있다.

익산에는 천주교 성지도 있다. 가장 먼저 꼽을 만한 곳으로는 화산 천주교회. 나바위성지 혹은 나바위성당으로 더 많이 알려져 있다. 나바위라는 이름은 화산 끝자락에 위치한 너른 바위에서 유래했다.

나바위성당은 건축양식이 독특하다. 정면에서 보면 벽돌로 만들어진 영락없는 서양식 교회다. 수직으로 솟은 첨탑을 기준으로 아치형 입구가 대칭을 이루고 있다. 하지만 건물 옆으로 돌아가 측면을 보면 건물의 모양이 바뀐다. 팔작지붕에 한식 기와를 올렸다. 성당 건물 안에는 남녀가 따로 앉던 의자와 청나라 건설 기술자들이 와서 남긴 팔각 창문 등이 남아 있다. 성당 안에도 초기 성당의 모습이 고스란히 남아 있다. 공간을 가르는 8개의 목조 기둥은 남녀유별의 관습을 지키기 위한 것. 오른쪽 소 제대의 감실에는 김대건 신부의 유해 일부(목뼈)가 봉안되어 있다. 창도 이채롭다. 스테인드글라스 대신 한지의 수묵 그림을 댔다. 성당 분위기가 한층 그윽한 것도 이 때문이다.

나바위성당은 외양도 외양이지만 성당이 이 자리에 들어선 의미가 걸음을 더 붙잡는다. 1845년 10월 12일 밤 8시, 금강의 물길을 타고 낯선 배 한 척이 들어선다. 중국에서 출발한 라파엘 호다. 배에는 조선교구 제3대 교구장 페레올 주교와 파리 외방 전교회 소속 다블뤼 신부, 그리고 우리나라 최초의 사제 김대건 신부가 조선인 신자 11명과 함께 올라 있었다. 그들은 황산포 포졸들의 눈을 피해 화산의 나바위에 상륙한다. 11개월 후, 1846년 9월 김대건 신부는 참수되었고, 1897년 화산 아래 나바위 부락에는 성당이 세워졌다. 김대건 신부가 우리 땅에 찍은 첫 발자국, 그 위에 나바위성당은 세워진 것이다.

나바위성당에서 멀지 않은 성당면 두동리에는 1929년에 세워진 두동교회가 있다. 한옥으로 지어진 ㄱ자형 교회. 한쪽은 남자들이 앉고 다른 한쪽은 여자들이 앉는 자리인데, 가운데에는 커튼을 쳐 남녀가 서로 볼 수 없도록 만들었다.

익산과 맞닿은 김제 역시 만만치 않은 유적을 품고 있다. 금산사에서 수류산방, 모악산을 에두르며 7구간과 8구간이 지난다. 약 30km 남짓한 코스의 절정은 금산사다. 어머니가 아기를 애틋하게 품은 산형이라는 뜻의 모악산, 그 한복판에 자리한 절이다. 금산사를 중심으로 우리 종교사에 우뚝한 대선사며 신부들, 민족종교의 창시자들과 조우할 수 있다. 그 흔적을 일일이 살피고 걷다 보면 어느새 해가 뉘엿이 기운다.

금산사 입구에 자리한 금산교회도 발걸음을 멈추게 만든다. 1908년에 지어진 한옥교회다. 두동교회와 마찬가지로 ㄱ자형으로 건축됐

다. 교회 안에는 지금은 사용할 수 없는 100년이 넘은 풍금과 천장의 서까래가 지난 세월을 고스란히 이야기해 준다.

금산교회에서 3km 남짓 떨어진 동곡마을에선 증산교 교주인 강증산(1871~1909)의 흔적을 더듬을 수 있다. 증산이 1908년 열었다는 '동곡약방'은 거의 유일하게 남아 있는 그의 자취다. 강증산의 외동딸 강순임(1904~1959)이 설립한 증산법종교 본부도 가까운데, 증산미륵불을 봉안한 삼청전과 묘각인 영대(靈臺)가 우뚝하다.

이곳에서 원평천 둑길을 따라 6km를 더 가면 수류성당에 닿는다. 신부님과 스님이 지도하는 두메산골 어린이 축구팀 이야기를 그린 영화 〈보리울의 여름〉 배경이 되기도 했던 곳이다.

1800년대 초 전라도 지역은 조선 전역에서 박해받던 천주교 신도들의 피난처였다. 전라도 지역에서 가장 먼저 세워진 완주의 배제본당이 박해를 피해 모악산 반대쪽 깊은 산중으로 옮겨 오면서 1889년 만들어져 1910년까지 교우촌이 형성되기도 했다. 수류성당은 전주 전동성당보다도 5개월 앞서 지어질 만큼 전통을 자랑하지만 1950년 인민군과 빨치산에 의해 전소되고 말았다. 현재의 성당은 한국전쟁이 끝나고 본당 신자들이 구호물자를 직접 적립해 1959년 다시 지은 것이다. 작은 시골 마을의 성당 같지만, 아시아에서 가장 많은 신부를 배출한 곳이기도 하다.

전주는 순례길의 출발지이자 종착지이기도 하다. 시내에 자리한 풍남문은 우리나라 최초로 천주교 순교가 행해졌던 곳이다. 1791년 12

월 8일, 당시 32세였던 윤지충은 풍남문 밖 형상에서 불효, 불충, 악덕 죄로 사형되면서 한국 천주교 사상 첫 순교자가 됐다.

고산 윤선도 후예로 매우 번성한 해남윤씨 집안에서 태어난 윤지충은 집안의 기대를 한 몸에 받으며 충남 금산에서 성장한다. 그런 그는 사촌 형제 정약용의 가르침을 받고 가톨릭에 입교하고 이후 3년간 스스로 교리를 공부해 친척인 이승훈으로부터 세례를 받는다. 그런데 1790년 청나라에 있던 구베아 주교가 조상에 대한 제사를 금지하라는 지시를 내리자 윤지충은 집 안에 있던 신주(神主)를 태우고 천주교 교리를 지킨다. 이듬해 어머니 권씨(권상연의 고모)가 죽자 가톨릭 교리에 따라 제사 음식도, 신주도 없이 장례를 치렀다.

윤지충이 신주를 불사르고 위패를 폐하고 제사를 지내지 않았다는 소문은 금세 퍼졌다. 당시의 유교적 관점에서 본다면 도저히 용납할 수 없는 패륜이었다. 결국 관가로 붙잡혀 온 그는 온갖 고초를 겪다 참수당한다. 그의 머리는 5일간 풍남문 앞에 효시 되었는데 이것이 신해박해다.

윤지충의 순교 이후 한국 천주교는 본격적인 박해 시대를 맞이하게 되고 100년의 시간이 흐른 뒤 그 최초의 순교지 위에 그들을 기리는 전동성당이 세워진다. 우리나라에서 가장 아름다운 성당, 가장 이국적인 풍경쯤으로 가볍게 치부하기엔 너무나 아픈 이야기가 깃들어 있는 것이다. 성당의 주춧돌은 순교자들의 선혈이 어린 풍남문 성벽에서 가져온 것으로 세웠다.

순례길을 걷다 보면 많은 이들을 만난다. 등산복을 입고 가벼운 마음으로 걷는 이들도 있고 한 걸음 한 걸음 발자국을 새길 때마다, 그 발자국에 마음을 꾹꾹 눌러 담는 이들도 있다. 길은 경탄할 만한 아름다움을 보여 주지도 않는다. 때로는 거칠고 때로는 높고 때로는 춥고 힘겹다. 그래도 순례길을 걷는 이들은 묵묵히 발걸음을 옮긴다. 어쩌면 이것이 순례이기에. 고되고 혹독한 시간을 견디는 방법은 오직 견디는 것 말고는 다른 방법이 없다는 것을 알기에.

―――

전주와 익산 쪽에 먹을 만한 곳이 있다. 전주비빔밥은 성미당(063-287-8800)과 가족회관(063-284-0982)이 유명하다. 콩나물국밥은 익산의 일해옥(063-852-1470)을 맛보자. 익산 황등면의 황등비빔밥은 익산의 맛으로 꼽히는 음식. 한때 우시장까지 있었다던 황등시장은 위세를 잃었지만, 비빔밥집은 성업 중이다. 황등비빔밥은 밥을 살짝 비벼 고기 국물에 토렴을 한 뒤 그릇을 데워 수분을 말린 뒤 육회를 얹어 내는 게 특징이다. 한일식당(063-856-4471), 진미식당(063-856-4422) 시장비빔밥(063-858-6051)이 맛집으로 꼽힌다.

바다와 산 중에서
하나를 고르라면? 글쎄...

동해 바다 드라이브와 베틀바위

동해안을 따르는 많은 드라이브 코스 가운데 가장 멋진 길을 꼽으라면 동해 망상해변에서 추암해변까지 이어지는 길이다.

길이가 5km에 달하는 망상해변은 영화 〈봄날은 간다〉에서 상우와 은수가 파도 소리를 녹음하던 곳이다. 겨울에 몇 번 찾은 적이 있다. 끝없이 펼쳐지는 모래 해변과 아득한 수평선 너머에서 집요하게 밀려오는 파도. 그 앞에서 세상에는 알 수 없는 힘이 있고 우리는 운명 속에서 살아간다고 생각했던 것 같다. 뭐랄까, 이십 대에는 바다를 보며 이유 없이 설렜다면, 마흔이 지나서는 바다를 보면 뭔가 인생을 수긍하게 된다고 할까.

망상해수욕장에서 남쪽으로 내려가는 길은 동해 바다를 옆으로 끼고 어달리까지 이어진다. 길은 바다를 따라 이리저리 휘어지고 차창 옆으로는 파도가 밀려온다. 손바닥만 한 포구에서부터 횟집, 까막바위 등 볼거리가 많다.

곧 묵호항이 나온다. 요즘은 여행객들이 많이 찾는다. 묵호등대까지 예쁜 골목길이 이어진다. 예전에는 골목길이 지나는 이 언덕이 붉은 언덕으로 불렸다. 뱃사람들이 몰려 살았고 시멘트 공장과 무연탄 공장에서 일하던 사람들도 많이 살았다. 석탄을 실은 기차가 지나면 탄

가루가 자욱하게 날렸다고 한다.

묵호등대는 꼭 저녁 무렵 올라가시길 권해 드린다. 마을의 붉고 푸른 지붕 너머 진청의 바다가 펼쳐지고 더 멀리 수평선에 하나둘씩 어화가 번지는 모습이 가슴 저릿하다.

추암해수욕장은 촛대바위로 유명하다. 예전에는 '능파대'(綾波臺)라고 불렀는데, 조선 세조 때 강원도 도체찰사(지금의 도지사)를 지내던 한명회가 그 경승의 아름다움에 취한 나머지 추암을 "능파(미인의 걸음걸이에 비유)라고 함이 옳다"고 하여 유래했다.

그리고 베틀바위. 2020년 8월 1일 동해시 무릉계곡 일대 '베틀바위 산성길'이 부분 개방했다. 무릉계곡관리사무소-박달계곡 등산로 총 4.7km 가운데 무릉계곡관리사무소-두타 산성 입구 2.7km 구간이다. 새로 놓인 탐방로가 베틀바위와 두타 산성을 잇는 코스여서 이런 이름이 붙었다.

베틀바위로 가는 길은 무릉계곡관리사무소를 지나면 바로 보인다. 무릉반석 가는 길에서 왼쪽 돌계단을 따라가면 된다. 5분쯤 올라가면 바로 오르막길이 시작되는데 베틀바위 전망대까지 오르막길이 이어진다고 보면 된다.

울창한 숲 사이로 난 오르막길을 계속 오르면 땀이 비 오듯 쏟아진다. 포기하고 싶은 마음이 자주 들지만 그래도 끝까지 가 보자. 곳곳에 훤칠한 소나무와 숲 사이로 언뜻언뜻 보이는 두타산의 비경이 수고를

덜어준다. 한 시간쯤 땀을 쏟고 나면 회양목 군락지. 회양목 군락지를 지나면 마지막 오르막길이다. 까마득한 나무 계단이 보인다. 다리에 힘주고 심호흡 한 번 하고 계단을 오른다. 숨이 턱밑까지 차오른다. 베틀바위 전망대에 도착하는 순간, 이 수고에 대한 보상은 지금까지 흘린 땀과 고생을 뛰어넘으리라 기대하고 한 발 한 발 내딛는다.

베틀바위 전망대에 서면 눈앞에 삐죽삐죽 솟은 기암절벽이 펼쳐진다. 과연 두타산의 명성에 걸맞다. 이 풍경은 '한국의 장가계'로 불리기도 한다. 베틀바위 모습은 이름 그대로 베틀 같다. 가을에 단풍이 들면 얼마나 아름다울까. 전설에 따르면 하늘나라 질서를 위반한 선녀가 벌을 받고 내려와 이곳 무릉계곡에서 삼베 세 필을 짜고 잘못을 뉘우친 뒤 승천했다고 한다.

동해여행에서 바다와 베틀바위 둘 중 하나를 고르라면? 글쎄, 둘 다 가실 것을 추천한다. 놓치기 아까운 풍경이다.

―

무릉계곡은 기묘한 바위들과 크고 작은 소들이 수없이 놓인 바위골짜기다. 최고 절경은 두 개의 폭포가 한 소에서 만나는 쌍폭. 왼쪽 폭포는 계단처럼 층이 진 바위를 타고 물이 흘러내리고 오른쪽 폭포는 한 번에 급전직하한다. 쌍폭 앞에 서면 이 계곡의 이름이 왜 무릉계곡인지 이해가 된다. 끝자리가 3일과 8일인 날 동해를 찾았다면 북평장에 가 보자. 강원도 최대의 5일장이며 남한 3대 5일장이기도 하다. 태백·삼척 등 강원 영서 남부와 영동지역에서 나는 약초와 산나물, 바다에서 나는 싱싱한 해산물이 모여든다. 42번 국도와 7번 국도가 만나는 북평 삼거리에서 열린다.

부흥횟집(033-531-5209)과 동북횟집(033-532-7156)의 물회가 유명하다. 두 집이 나란히 서 있는데 부흥횟집이 약간 매콤하다면 동북횟집의 물회는 달콤한 맛이 약간 더 난다. 묵호항 주변에 곰치국을 하는 집이 많다. 동해바다 곰치국(033-532-0265)은 동해시에서 곰치국을 가장 먼저 선보인 집이다. 맛이 담백하고 개운하다. 덕취원(033-521-4054)은 80년 전통의 화상중국집이다. 간짜장과 삼선짬뽕이 맛있다.

마음에 한 뼘
틈이 생기는 풍경
조양방직과 교동도 대룡시장

단
한 번의
여행

인천 강화도는 우리나라에서 다섯 번째로 큰 섬이다. 단군이 마니산 참성단에서 하늘에 제사를 드릴 때부터 그 역사가 시작된 이 섬은 주말이면 서울을 비롯한 수도권에서 온 여행자들로 붐빈다.

최근 여행자들 사이에서 가장 '핫'한 곳으로 소문난 곳이 조양방직이다. 우리나라 최초의 방직 공장이다. 일제 강점기인 1933년 생겼다. 강화도는 1970년대까지 직물 산업이 번성한 고장이었다. 1933년 조양방직이 문을 연 이래, 평화직물과 심도직물, 이화직물 등 직물 공장이 들어섰다. 당시 강화읍에만 직물 공장 직원이 4천 명이 넘었다고 한다.

조양방직은 1950년대까지 강화의 경제 부흥을 선두에 서서 이끌었는데, 당시에는 중국에까지 수출할 정도로 활기를 띠었다고 한다. 조양방직이 생기면서 강화도에 전기와 전화가 들어왔다고 하니 조양방직이 어떤 회사였는지 짐작해 볼 수 있다. 그러나 산업화가 급속히 이뤄지면서 방직 산업도 쇠퇴했고 결국 조양방직도 1958년 문을 닫게 된다. 한동안 방치되던 조양방직은 2018 앤틱샵을 운영했던 이용철 사장이 인수하면서 카페 겸 갤러리로 새롭게 탄생했다.

조양방직은 평범한 카페 또는 갤러리가 아니다. 1년여 동안 보수공사를 했지만, 회색빛 시멘트 건물 외관은 그대로 살렸다. 방직 기계

강화도 조양방직과 교동도 대룡시장

가 있던 기다란 작업대는 테이블 역할을 한다. 약 990㎡가 넘는 공장 터는 유럽과 중국 등 세계 각지에서 가져 온 골동품으로 가득 채워졌다. 카페는 그 자체로 하나의 거대한 레트로다. 주말에는 이 독특한 분위기의 카페에서 '인생 사진'을 찍으려는 여행객이 줄을 선다.

조양방직에서 차를 타고 30분을 더 가면 교동도 대룡시장이다. 교동도는 강화도의 부속섬이다. 민통선 안쪽에 위치해 검문소를 통과해야 섬으로 들어갈 수 있다. 검문소 앞에는 "여기서부터 민북지역, 검문에 협조 바랍니다"라고 쓰여진 입간판이 서 있다. 대룡시장은 한국전쟁 당시 황해도 연백군에서 교동도로 잠시 피난 온 북한 주민들이 먹고 살기 위해 만들었다.

대룡시장은 모든 것이 60년대 풍경이다. 간판은 낡았고 풍경은 빛이 바랬다. 오랫동안 군사지역으로 묶여 있었던 탓에 '그때 그 시절' 모습을 간직할 수 있었다. 시장에는 옛날 이발관도 있고 약방도 있다. 참기름병에 밀크티를 넣어 파는 상점도 있다. 계란 노른자를 동동 띄워 주는 쌍화차를 파는 다방도 있다. 영업시간은 따로 없다. 해 뜰 때부터 해 질 때까지다. 한나절 대룡시장을 돌아본다. 조양방직과는 또 다른 분위기다. 교동상회 앞에 섰다. 과일, 건어물, 생선을 파는 가게다. '원주민 쌀 판매점'이라고 안내판을 커다랗게 붙여 놓았다. 아마 강화섬쌀을 파는 모양이다.

오랫만에 만난 느슨한 풍경이다. 뭔가 마음에 한 뼘 틈이 생기는 것 같다. 강화도로 오길 잘했다.

전등사는 고구려 아도화상이 세웠다는 고찰이다. 대웅전의 처마 밑에 있는 벌거벗은 여인의 조각으로 유명하다. 전설에 따르면 절을 짓던 목수가 자신의 사랑을 배반하고 도망친 여인에게 벌을 주기 위해 조각해 넣은 것이라고 한다.

버거히어로(032-937-1577)는 정통미국스타일의 수제햄버거를 판다. 대한민국 최고 햄버거집 중 한 곳. 하루 150개 한정이다. 젓국갈비는 강화도에서만 맛볼 수 있는 토속음식이다. 두부와 배추 밑에 돼지갈비를 놓고 새우젓을 듬뿍 넣어 푹 삶아 내는데 쫄깃쫄깃한 고기를 씹다가 부드럽게 삶아 낸 배추를 건져 먹는 맛이 일품이다. 외내골가든(032-932-2488), 신아리랑식당(032-933-2025), 마니산 단골식당(032-937-1131)등이 유명하다.

스님도 짜장면은
드시고 싶으니까

운문사와 강남반점

경북 청도는 '맑을 청(清)'과 '길 도(道)' 자를 쓴다. 맑은 길. '산천청려 대도사통(山川清麗 大道四通)'에서 지명이 나왔다. '산과 물이 맑고 아름다우며, 큰길이 사방으로 통한다'는 뜻이다.

맑은 청도를 가장 잘 느낄 수 있는 곳은 운문사다. 비구니들이 거처하는 곳이다. 대웅보전은 웅장하고 누각 만세루도 넓고 크다. 하지만 화려하지 않고 단정하고 기품 있다. 운문사는 신라 진평왕 때 창건했다. 1,500년 역사를 간직하고 있으며 대웅보전, 석조사천왕상, 삼층석탑, 석조석가여래좌상 등 7개의 보물을 품고 있다. 또한 운문사는 신라 원광법사가 화랑들에게 세속오계를 전수한 장소이며 고려 시대에는 일연 스님이 주지로 있으면서 《삼국유사》의 밑그림을 그리고 완성한 곳이기도 하다. 경내에서 눈길을 끄는 것은 수령 400년이 넘은 처진 소나무다. 스님들이 해마다 봄, 가을로 막걸리 12말을 보시한다. 그래서일까 소나무는 아직도 싱싱하고 푸르기만 하다.

운문사는 경내로 들어가는 숲길이 좋다. 200~300년은 됨직한 노송들이 울창하다. 솔숲에 들어서면 마음이 먼저 열린다. 소나무 숲 사이로 길이 나 있는데 '솔바람길'이라는 예쁜 이름을 달고 있다. 솔숲 옆으로는 작은 냇물이 흐른다. 이 길을 따라가다 보면 멀리서 예불 소리가 들리고 예불 소리에 귀 기울이며 걷다 보면 어느새 운문사에 닿는다.

운문사 가는 길, 경내에서 만나는 스님들은 모두 수줍은 얼굴이다. 밀짚모자에 안경 너머 눈빛이 자비롭고 선하다. 운문사는 여승의 승가대학까지 품고 있다.

운문사 가까운 곳에 일명 '사찰짜장'을 파는 중국집이 있다. 스님들도 짜장면은 드셔야 하니까. 애초에 불문에서 나고 자랐다면 모르겠지만 세속에서 출가한 스님에게 짜장면은 잊기 힘든 속가의 맛이다. 하지만 안타깝게도 짜장면에 돼지고기가 들어가기 때문에 산문에서 즐길 수 없다.

강남반점에서 파는 짜장면은 스님도 즐길 수 있다. 전 문화재청장인 유홍준 교수가 《나의 문화유산답사기》에 소개하면서 유명해졌다. 고기를 빼고 호박과 버섯, 당근, 양배추 등으로 짜장 소스를 만들었다.

면과 소스가 따로 나오는데, 담은 모양이 곱다. 소스를 붓고 면을 비벼서 한 입. 속세의 짜장면에 비할 기름진 맛은 아니지만 그럭저럭 맛있다. 담백하고 깔끔한 맛이 꽤 먹을 만하다.

―――

화양읍 송금리의 와인터널은 대한제국 말기인 1896년에 철로용으로 뚫었던 폐터널을 와인 숙성고와 카페로 쓰고 있다. 반시의 즙으로 만드는 감와인은 달콤한 맛과 신맛이 조화를 이룬다.

청도역 앞 거리에는 추어탕집이 늘어서 있다. 청도에서는 맑은 국물에 시래기를 듬뿍 넣어 추어탕을 끓인다. 추어탕과 곁들여지는 추어튀김도 인기 높다. 원조 청도추어탕(054-371-5510) 등이 알려졌다. 강남반점(054-373-1569)은 금천면 동곡리에 있다.

당신과 함께
매화를 보고 싶은 곳
──────────
매화로 맞이하는 봄날

> 단 한 번의 여행

끼니를 거를 정도로 가난했던 화가 김홍도는 어느 날 그림을 팔아 3천 냥이라는 큰돈이 생겼다. 그는 2천 냥을 털어 매화나무를 사고 8백 냥으로 술 여러 말을 사다가 친구들과 꽃 핀 매화나무 아래에서 술을 마셨다. 그 술자리를 매화음(梅花飮)이라 한다. 퇴계 이황의 마지막 유언은 '저 매화나무에 물 주라'였다. 미당은 "매화에 봄 사랑이 알큰하게 펴난다 / 알큰한 그 숨결로 남은 눈을 녹이며"라고 노래하는 시 〈매화〉를 지었다. 매화는 봄을 끌고 오는 꽃이다. 은은한 매화 향 끝에서 봄이 시작된다. 아무래도 올해는 코로나 때문에 꽃놀이 가기가 어려울 듯싶다. 그래도 봄은 또 봄이니 매화 향이 달큰한 다섯 곳을 소개한다. 해마다 봄이면 몰래 또는 대놓고 찾아가 봄을 취하던 곳이다.

전남 광양 매화마을 ──

봄이면 산기슭에 피어 있던 눈부신 매화가 눈사태처럼 한꺼번에 쏟아지는 곳이다. 해마다 3월이면 매화를 보겠다고 전국에서 상춘객들이 관광버스를 타고 몰려든다. 매화마을에서도 유명한 곳은 청매실 농원이다. 10만 평 산자락 전체에 매화나무가 심겨 있다. 3월 초부터 꽃이 피고 중순이면 만개하는데 작가들이며 답사 단체, 이름깨나 알려진 명망가들, 봄나들이 온 사람들이 몰려들어 한바탕 홍역을 치른다. 매화의 열매, 매실을 이용한 장아찌, 된장 고추장 등 2,500여 개가 넘는 장독과 대나무숲, 섬진강이 한 폭의 그림처럼 조화를 이룬다.

한때 매화보다 사람이 더 많은 이 요란한 풍경이 싫어 아예 찾지 않았지만 요즘에는 이 풍경이 오히려 그립다. 가족과 친구들의 손을 잡고 꽃나무 아래를 토끼처럼 총총거리며 걷고 싶다. 여행이 금지된 시대, 우리는 언제쯤 다시 떠들썩한 꽃놀이를 즐길 수 있을까. 꽃보다 더 요란한 알록달록한 등산복을 입고서 말이다.

올해 봄이 가면 우리 인생에 남은 봄도 한 번이 줄어들 것이다. 그러니까 음악을 틀어 놓고 꽃놀이를 즐겨 보는 게 그리 큰 흉은 아니지 않을까 하는 생각도 든다. 코로나 시대, 아파트 베란다에 서서 먼먼 광양 매화마을의 풍경을 떠올린다. 우리에게 이제 며칠의 봄이 남았는가를 짐작해 보며 말이다.

경남 양산 통도사 자장매 ──

선암사 원통전의 매화는 선암매로 불리고 지리산 산천재의 매화는 남명매로 불린다. 통도사 홍매화는 자장매(慈藏梅)로 불린다. 그만큼 유명하다는 말이다. 자장매라는 이름은 통도사를 창건한 신라 시대 자장율사(590~658)의 법명에서 비롯했다. 수령은 350년으로 추정된다.

자장매는 일주문 지나 영산전과 극락전, 약사전을 돌아 만나는 영각

매화로 맞이하는 봄날

(影閣, 고승의 초상을 모신 전각) 앞에 서 있다. 영각을 배경으로 서 있는 모습이 고고하고 태연한 기품이 어려 있는데, 기품 있는 선비가 고요히 서 있는 것 같기도 하고, 고승이 홀연히 눈앞에 선 것 같은 서늘한 기운을 느끼게도 해 준다. 또 처마에 살짝 걸린 듯, 기와를 배경으로 날아갈 듯 가뿐한 모습은 짙은 화장을 한 여인이 묘한 미소를 흘리는 듯 보이기도 하다.

극락전 옆에도 두 그루의 매화나무가 있다. 수령 300년으로 추정되며 각각 연한 분홍색과 진한 분홍색을 띤다. 자장매는 이 세 그루 매화 가운데 가장 빨리 핀다. 향도 가장 짙다.

자장매는 매향이 유독 짙다. 몇 발자국 떨어져 있어도 매화 향이 건너와 코끝에 깨물듯 꽉 맺힌다. 돌아오는 길에도 그 향이 선연하게 기억나 머리가 아득해질 정도다.

경남 양산 순매원 ——

양산 원동면 일대 영포마을을 비롯해 쌍포, 내포, 함포, 어영마을 등에 매화밭이 조성되어 있다. 특히 영포리 영포마을은 마을 전체가 거의 매화밭이라고 해도 과언이 아니다. 20년 남짓 된 2만 그루의 매화가 봄이면 기다렸다는 듯 피어난다. 개인농원인 '순매원'도 관광객들이 많이 찾는다. 낙동강변에 위치한 까닭에 매화밭과 강, 철길이 어우러진 멋진 장면을 만날 수 있다. 마을 위에는 사진을 찍고 전경을 감상할 수 있는 전망대도 만들어져 있다.

순매원은 고향 살 때 자주 드라이브 삼아 찾던 곳이었다. 무궁화호가 때때로 드나드는데 기차가 매화꽃밭과 어우러져 동화 같은 풍경을 그려낸다.

남쪽은 봄이 일찍 그리고 느닷없이 찾아온다. 어제부터 겨울, 오늘부터 봄, 이런 식이다. 통영이 고향인 내 친구는 도다리쑥국을 먹은 오늘부터 봄이라 하였고, 나는 순매원 개화 소식을 듣고 아내와 매화를 보러 간 오늘부터가 봄이라고 여겼던 때가 있었다. 매화나무 사이로 지나는 기차를 보며 옆에 있는 사람의 손을 슬그머니 잡던 때. 벌써 이십 년 전이다. 이메일도 인스타그램 메시지도 없었다. 고백하기 위해서는 그 사람 앞에 서야 했던 시절이었다. 음악도 영화도 만남도 헤어짐도, 모든 것이 순진했던 시절이었다. 그곳에서 우리는 얼마나 멀어져 왔을까. 매화나무 꽃잎 사이로 기차 지나는 소리가 귓전에 아련하다.

전남 순천 금둔사 납월매 ──

금둔사 납월매는 남도의 봄을 가장 먼저 알리는 꽃이다. '납월'은 음력 섣달을 가리키는 말이다. 금둔사 경내에는 홍매화와 청매화 여섯 그루가 자라는데 각기 일련번호를 달고 있다. 납월홍매가 피었다 지기 시작하면 일반 매화가 핀다. 납월매는 그러니까, 봄이 왔나 안 왔나를 살피러 나온 '꽃의 첨병'인 셈이다. 납월매는 겨울 공기의 가장 허술하고 무른 공간을 골라 옛다, 하고 꽃잎을 디밀고 찔러 본다. 납월매 이후 다른 꽃들이 납월매가 만든 얇은 틈으로 봄 공기를 힘껏 불어 넣고 마침내 대기를 봄으로 가득 채우겠지.

여행기자 초년병 시절, 여행기자에게도 '특종'이란 게 있어 노심초사 남도의 화신에 안달하던 때가 있었다. 피었어? 피었어? 각지의 지인들에게 꽃이 필 기미가 있으면 전화를 달라고 부탁해 놓고 연락 오기를 기다렸다. 다른 기자가 먼저 쓰면 큰 낙종이라도 한 듯 아쉬울까 봐. 금둔사 매화도 먼저 쓰고 싶어 꽃봉오리가 맺혔다는 말을 듣자마자 차를 달려갔지만 꽃은 아직 일러서 봉오리 아래서 1박 2일을 서성이다 돌아온 적이 있다.

기자를 그만두고 금둔사를 찾은 어느 날 활짝 핀 납월매를 만난 적이 있다. 카메라를 가져가지 않은 게 오히려 다행이었다고 해야 할까. 오히려 그 향을 종일 맡고 머릿속에 꼭꼭 저장해 뒀으니 말이다. 금둔사야 크지 않은 절이라 돌아보는 데는 오래 걸리지 않지만 그 깊고 그윽한 매화 향 때문에 발걸음이 쉽사리 떨어지지 않는다.

경남 산청 산천재 남명매 ——

지리산 기슭에 자리한 경남 산청은 조선 중기의 성리학자 남명 조식이 학문을 닦고 제자를 기른 곳이다. 그의 사상은 실천을 강조하고 사회 현실과 정치적 모순을 적극 비판한 것으로 유명한데, 이런 입장은 제자들에게도 이어졌다. 곽재우, 정인홍 등 임진왜란 때 의병장으로 활약한 이들이 남명의 제자다.

남명은 말년에 산청으로 들어와 산천재를 짓고 매화나무 한 그루를 심어 마지막 거처로 삼았다. 산천재는 불과 서너 칸밖에 되지 않는 아주 작은 건물이지만 앞마당에 서면 지리산 천왕봉이 한눈에 들어온다.

남명매는 백매다. 꽃잎이 눈처럼 희다. 나이가 450년을 훌쩍 넘어가자 일부는 말라 죽고 또 다른 가지는 시멘트로 보완했지만 그 기품이 훼손되지는 않았다. 해마다 3월 하순에서 4월 초면 어김없이 맑고 눈부신 꽃을 피운다. 남명의 강직한 정신과 올곧은 성품을 매화나무도 고스란히 물려받은 것일까.

남명매는 매화 향이 유독 짙다. 아마 지리산의 정기도 매화 향에 지분이 있을 것이다. 남명은 정원의 매화를 보며 "매화가 피어나니 맑은 기운이 생긴다"고 말했다고 전해진다.

경남 산청에는 남명매와 더불어 산청 3매(三梅)로 불리는 매화나무가 있다. 남사예담촌의 '분양매'와 단속사 옛 절터의 '정당매'가 그것이니 함께 보면 근사한 매화 여행이 된다.

김해 건설공고 와룡매 ─

경남 김해 구산동에 자리한 김해건설공업고등학교에는 와룡매라 불리는 매화나무가 있다. 매화나무 모양이 용이 꿈틀거리는 것 같기도 하고, 기어가는 것처럼 보인다고 해서 이런 이름으로 불린다.

3월이면 용이 기어간 구불구불한 흔적을 닮은 이 나뭇가지를 따라 분홍의 꽃들이 주르륵 핀다. 누군가 촘촘한 설계로 새긴 것 같기도 하고 바늘로 한 꽃송이씩을 저마다 가장 아름다울 자리에 매달아 둔 것 같기도 하다. 만개한 매화나무 아래 서서 찬란한 햇빛 아래 빛나는 꽃잎을 바라보고 있으면 실핏줄이 선명한 미인의 피부를 살피는 것만 같다.

건설공고 와룡매는 군락이다. 학교 정문부터 130미터에 이르는 진입로 양쪽에 30~100여 년의 고매들이 줄지어 서 있다. 코로나가 창궐하기 전, 매화가 만발할 무렵이면 교정에는 매화를 보려는 방문객들과 삼각대에 카메라를 단 사진작가들로 넘쳐났지만 지금은 들어갈 수가 없어 아쉽다.

김해건설공업고등학교는 원래 1927년 김해농업고등학교로 출발했는데, 개교 당시 근무했던 일본인 교사가 심고 가꾸어 지금처럼 매화나무가 많아졌다는 것이 학교 측의 설명이다. 몇 해 전 그 교사가 90대 노인이 되어 이곳을 찾아 자신이 심었던 고매들을 둘러보고 어루만지며 한참을 서 있다가 갔다고 한다. 노인의 매화 핀 봄날은 어땠을까.

오세요, 하동에 꽃 필 때

먹점마을 매화와 쌍계사 십리벚꽃길

먹점마을 매화

먹점마을은 하동군 악양면 구재봉 중턱에 자리한 마을이다. 십수 년 전 차밭 취재를 갔다가 산등성이가 온통 희끗한 것을 보고 좁고 비탈진 시멘트 길을 따라 휘청휘청 차를 몰았던 것 같다.

2~3킬로미터를 갔을까, 마을 초입부터 매화나무가 빼곡하더니 어느 순간 부챗살처럼 풍경이 열리며 만개한 매화 군락이 드러났다. 누군가 꼭꼭 숨겨 놓은 보물을 발견한 기분이었다.

당시만 해도 먹점마을은 하동에서도 오지로 불렸다. 한국전쟁 때에도 큰 피해가 없었다고 한다. 지금은 봄마다 사람들이 제법 알음알음 찾아든다. 다 매화를 보러 오는 이들이다. 논두렁과 밭두렁, 지붕과 지붕 사이가 온통 매화밭이다. 마을 사이로 시냇물처럼 난 좁은 길을 걷노라면 그윽한 매화 향기가 온몸을 감싼다.

먹점마을의 매화는 폭죽처럼 핀다. 바람이 불면 매화잎이 나비처럼 날아다닌다. 햇빛 속에서 여려졌다 짙어지는 분홍빛에 취해 한참을 서 있었던 것 같다. '하루 이틀 생활 따위는 잊을란다'고 생각했던 것 같다. 세상은 나를 찾거나 말거나. 그 오후, 매화나무와 매화나무 사

하동 먹점마을 매화와 쌍계사 십리벚꽃길

이를 어린 나비마냥 펄럭거리며 옮겨 다니며 보냈다.

그날 밤은 먹점마을 가까운 어느 마을 민박집에서 묵었다. 새벽 잠결이었다. 톡톡톡, 귓가에 희미하게 울리던 소리는 꽃이 피는 소리였던가. 섬진강을 오르던 참게의 발자국 소리였던가.

쌍계사 벚꽃 ──

화개. '꽃 화'에 '열릴 개'다. 꽃이 피는 마을이다. 이런 어여쁜 이름을 가진 마을도 있다. 아시다시피, 구례 지나 하동 읍내 가기 전, 화개장터 앞에서 좌회전해 쌍계사 가는 길을 따라 들어선 마을이다.

봄날 화개는 '별유천지(別有天地)'다. 섣부른 문장으로 3월의 화개를 설명할 바에야 이렇게 말하고 말겠다. 가서 보시라고.

쌍계사 가는 길, 오른쪽 차창 너머로 보이는 층층비탈에는 초록의 녹차밭이 일렁인다. 차밭 이랑 사이사이에는 벚꽃이 솜뭉치처럼 피어 있다. 그 환몽같은 풍경에 눈이 어지러워 여행자들은 자기도 모르게 급히 핸들을 꺾어 마을로 들어서곤 한다. 나 역시 그런 여행자와 다를 바 없으니 이름 모를 어느 마을로 내려서는 천천히 차를 몰아가며 이쁘다, 이뻐를 연발한다. 그러다 결국 차에서 내려 걷는다.

담장 너머로 기웃이 내민 매화나무며 모퉁이에 우두커니 선 목련이며… 나비가 꽃을 옮겨 다니듯 이꽃 저꽃을 절뚝절뚝 옮겨 다니던 나는 어느 담벼락 환한 매화나무 그림자 아래에서 시 한 수를 기억해 낸다.

'봄이다/ 쭈그러져 있던 씨앗들이 풍선들이 부풀어 올라/ 상추가 되고 동백이 되고 진달래 된다/ 봄은 부푸는 계절/ 내 가슴으로도 뜨거운 입김이 쏟아져/ 나는 괜스레 홍조를 띠고/ 바람 든 소녀들은 붕붕 떠서/ 하늘로 하늘로 날아가려 하고' -〈대폭발 이후 우주의 모든 것은 풍선이다〉, 이대흠의 시.

우리 봄날 가운데 하루 이틀쯤은 이 시처럼, 부풀어 오르고, 홍조를 띠고, 붕붕 뜨고… 봄, 봄, 이런 봄날에는 아무쪼록 하루 이틀쯤은 이래 봤으면.

―――

재첩은 가막조개, 다슬기라고도 부르는 민물조개다. 바다 가까운 금성면에서 고전면 신월리를 지나 하동송림까지 이어지는 섬진강변에서 재첩이 난다. 맑은 물에서만 잡히는 재첩은 4~5월이 가장 맛있다. 국물을 끓이면 뽀얀 우윳빛이 돈다. 정갈하면서도 시원한 맛을 내는 재첩국은 해장국으로 그만이다. 하동 어디를 가나 재첩 음식을 맛볼 수 있고 하동읍 신기리에 재첩특화마을도 조성돼 있다.

무량원식당(055-883-7459)은 청국장이 맛있다. 혜성식당(055-883-2140)은 참게탕과 은어돌솥밥을 잘한다. 특히 은어를 통째로 밥 위에 얹어 뜨끈한 돌솥에 지어낸 은어돌솥밥을 꼭 먹어볼 것. 씹을수록 고소하고 단맛까지 느껴진다. 그릴에 구운 은어구이 역시 담백하고 고소하다.

남해, 봄, 벚꽃, 당신 그리고 바다

보리암과 평산마을

남해에는 이미 봄이 주둔해 있었다. 벚꽃이 화들짝 피어 있었다. 버스가 지날 때마다 후드득 꽃잎이 날렸다. 분홍의 세상이었다. 차창을 열자 따뜻한 바람이 밀려왔다. 꽃들은 세상에 나와야 하는 때를 어떻게 아는 것일까?

그 너머에는 또 다른 색깔의 봄이 있었다. 마늘밭은 초록으로 빛났는데, 마늘밭 너머 바다색은 해무 때문이지 조금 더 옅은 것 같았다. 바다는 배부른 고양이처럼 순했고 햇살이 내려앉는 수면은 설탕 가루를 뿌려놓은듯 반짝였다. 바다 건너편 산자락은 연둣빛으로 따스했다. 점점 엷어지고 있는 세상의 색깔을 바라보며 나는 안도했다.

앵강만을 따르는 국도를 달리며 봄 바다를 더듬었다. 오후 세 시의 바다는 바늘처럼 따가웠고 악기처럼 영롱했다. 마음에 드는 빛을 만나면 차를 세우고 셔터를 눌렀다. 500분의 1초, 조리개 8.0에 바다의 푸른 일렁임이 갇히곤 했다. 그러다 닿은 곳은 남해 금산이었다. 이성계가 조선을 열고 비단으로 덮어 주겠다고 약속했던 산. 애초에 '보광'이라는 이름을 가지고 있었지만, 이성계가 비단 대신 비단 '금'자를 내리면서 금산으로 바뀐다. 금산 정상 턱밑에 자리한 보리암은 국내 3대 기도처 가운데 하나로 불리는 곳이다. 이곳에서 바라보는 바다 풍경이 아득하면서도 좋다. 봄 보리암은 알록달록 등산복을 입은 이들로 가득했다.

보리암 가기 전 오른쪽으로 난 오솔길을 따르면 암봉 아래 위태롭게 자리 잡은 '금산산장'이 있다. 이 집은 애초 부산여관이라는 이름이었다. 보리암을 찾은 신도들에게 방을 빌려줬고 밥을 해 줬다. 지금이야 보리암 턱밑까지 주차장이 나서 방을 빌려 달라는 사람은 없을뿐더러 버스를 타고 올라오는 관광객들 대부분은 보리암만 휙 돌아보고 내려간다. 그래도 막걸리 한잔하러 오는 사람이 있어 노파가 간간이 양은 쟁반을 내놓기도 한다. 보리암을 찾을 때마다 번잡한 경내를 처음부터 뒤로 하고 금산산장에서 막걸리를 마시다 조용해질 무렵이면 보리암으로 내려오곤 하는데, 물론 이날도 그랬다.

오랜만에 찾은 금산산장은 예전과 다를 바 없었다. 바다가 잘 보이는 절벽 앞에 간이 탁자와 의자가 놓여 있는 것도 그대로였다. 바다를 보며 앉아 부침개 한 장과 막걸리 한 되를 시켰다. 얼마 지나지 않아 쟁반 가져가시라는 노파의 부름이 들렸다. 부침개는 엉성했고 막걸리는 시큼했지만 못 마실 정도는 아니었다. 어깨에 내려앉는 봄 햇살이 따스했다.

'멸치 떼가 돌아다니는 소리는 쌀알이 구르는 소리 같을 것이다.' 금산산장 천 길 아래, 저문 햇빛을 받아 내는 바다를 바라보며 이런 생각을 했다. '어둡고 깊은 바다에 사는 심해어들은 철 따라 이동하는 물고기들의 반짝임을 별빛으로 여길지도 모를 일이다. 닿지 못하는 거리에서 빛나는 건 언제나 별의 이름을 가지고 있으니까.' 조금 남은 막걸리를 입안으로 털어 넣으며 또 이렇게 생각했던 것도 같다.

당신이 보고 싶을 때마다 이런 턱없는 문장을 만들어 내곤 하는 게 언제부터인가의 버릇인 것 같다. 좋은 풍경 앞에 서고, 맛있는 음식을 먹을 때마다 당신이 생각나 괜히 부려 보는 딴청인 것 같다. 같이 봤으면 좋겠고, 같이 먹었으면 좋겠는데…… 미안한 마음이 들기도 해서 슬그머니 고개를 돌리고, 젓가락을 내려놓는 때도 있다. 이게 전부 나이 탓이려니 여긴다.

금산산장에서 왼쪽으로 고개를 돌리면 보리암이 보인다. 해수관음상을 향해 두 손을 모으는 이들의 표정이 간절하다. 오른쪽으로 고개를 돌리면 커다란 바위들이 우뚝하다. 시인 이성복은 이 바위 앞에서 《남해 금산》이라는 시를 썼을 것이다. '한 여자 돌 속에 묻혀 있었네. 그 여자 사랑에 나도 돌 속에 들어갔네……'

막걸리 두 잔을 더 마시고 일어섰다. 관광객은 다 돌아간 보리암. 이제야 절 마당에 멧새 소리가 빼르르르 굴러떨어졌다. 나는 바윗길을 어둑어둑 짚어 내려오며 생각했다.

다음날 늦게 일어나 남해대교를 넘어 오른편으로 바다를 두고 달렸다. 바다에는 찬란한 봄 햇빛이 바늘처럼 꽂히고 있었다. 느리게 느리게 차를 운전해 갈화, 노구, 유포, 예계를 지나 닿은 곳은 평산. 남해의 서쪽에 자리한 마을. 이곳에 '바래길 작은 미술관'이라는 다정한 미술관이 있다. '바래'는 물때에 맞춰 갯벌과 갯바위 등에서 해초류와 해산물을 캐는 일을 일컫는 남해 말이다. 그러니까 바래길은 어머니들이 가족의 먹을거리를 위해 갯벌이나 갯바위 등으로 바래하러 다녔던 길을 말한다. 남해군은 바래를 모티프로 걷기 길을 만들었고 현재

금산 보리암과 평산마을

10개 코스가 완성됐다. 평산항은 1코스인 '다랭이지켓길'의 출발점으로 이곳에서 시작한 길은 사촌해수욕장을 지나 선구마을과 향촌을 거쳐 가천 다랭이 마을까지 16km를 이어간다. 바래길 미술관은 1코스 시작점에 자리한다. 2011년 폐쇄되어 방치되어 있던 보건진료소 건물을 리모델링해 미술관으로 꾸민 곳으로 지역 작가들의 작품을 소개하고 있다.

미술관에 들렀을 때는 다랭이마을을 비롯해 보리암, 상주 은모래 해수욕장, 지족해협 등을 그린 수채화를 전시하고 있었다. 담담하면서도 은은한 색감과 붓질이 남해의 빛과 색을 쏙 빼닮은 것 같다. 바래길 미술관에는 전문 도슨트가 아니라 평산마을 주민들이 직접 해설을 해 준다. 바래길 작은 미술관을 운영하는 사단법인 대안공간 마루는 마을 주민들을 교육해 미술관 해설을 맡기고 있다. 친근한 경상도 사투리로 듣는 그림 해설이 이곳이 남해라는 사실을 기분 좋게 일깨워 준다.

미술관을 나와 평산 2리 쪽으로 발걸음을 돌린다. 이곳에 '생각의 계절'이라는 게스트하우스가 있다. 나긋한 햇살이 내려앉는 테라스에는 줄무늬 고양이 한 마리가 꾸벅꾸벅 졸고 있다. 낯선 방문객의 발자국 소리에 잠시 실눈을 뜬 고양이는 힐끔 한 번 바라보고는 이내 귀찮다는 듯 눈을 감아 버린다.

게스트하우스에서 나와 평산항 방면으로 산책 삼아 나섰다. 마을 사이로 구불거리며 난 길을 지나는데 어느새 날이 어둑해지고 그림자가 길어진다. 하늘 한 편이 물감을 뿌린 듯 붉게 물들고 있다. 서둘러 언덕에 오르니 시야가 확 트이며 불현듯 바다가 나타난다. 바다 건너편으로 여수가 보인다. 컨테이너선이 불을 밝히고 느리게 지나간다. 바다로 나갔던 어선들은 포구로 돌아가느라 바쁘다. 멀리서 바라보는 풍경은 이토록 평화롭고 안온하다. 생활에서 한 걸음 비켜선 여행자만이 누릴 수 있는 사치가 아닐런지. 문득 버트런드 러셀의 한 구절이 떠오른다.

'지금 나는 삶을 즐기고 있다. 한 해 한 해를 맞을 때마다 나의 삶은 점점 즐거워질 것이다. 이렇게 삶을 즐기게 된 비결은 내가 가장 갈망하는 것이 무엇인지를 알아내서 대부분은 손에 넣었고, 본질적으로 이룰 수 없는 것들에 대해서는 깨끗하게 단념했기 때문이다.'(버트런드 러셀《행복의 정복》)

―――

독일마을은 1960년대 광산노동자와 간호사로 독일에 파견됐던 동포들이 고국에 돌아와 정착할 수 있도록 만들어진 마을이다. 실제로 교포들이 생활하고 있고 관광객을 위한 민박도 운영하고 있으니 하루쯤 묵으며 이국적인 정취를 즐겨볼 만하다. 요즘은 독일식 소시지와 맥주를 먹을 수 있는 맥줏집도 많이 들어섰다. 남해보물섬전망대 스카이워크는 스릴 만점의 스카이워크를 체험할 수 있는 곳. 유리 바닥 아래로 까마득하게 절벽과 바다가 내려다보인다. 가천 다랭이 마을은 미국 CNN이 선정한 한국에서 꼭 가 봐야 할 곳 3위에 오른 곳. 산비탈 급경사에 층층이 들어선 120층의 마늘밭이 마치 거대한 설치미술을 연상케 한다.

남해시장에 자리한 짱구식당(055-864-6504)은 물메기탕을 잘하는 집. 호래기를 비롯한 싱싱한 제철 활어회도 저렴하게 맛볼 수 있다. 부산횟집(055-862-1709)과 남해물회(055-867-9992)의 물회도 맛있다.

> "꽃이 지는 건 쉬워도
> 잊는 건 한참이더군"

선운사의 가을

단 한 번의 여행

꽃무릇 ──

'나도 타고 싶다/ 저 가을 단풍이/ 붉은 물 뚝뚝 흘리며/ 제 몸을 태우며/ 사랑하듯/ 나도 가을 나무가 되어/ 봄 여름 가꾸어온 그리움일랑/ 외로움을 기름불로 하여…'(신경인 시인의 〈단풍을 바라보며〉)

남도에 가을이 한창일 때, 나무들이 앞다퉈 제 몸을 태워 산을 밝힐 때, 선운사에 간다. 일주문에서 도솔천 따라 도솔암 오르는 길이 온통 붉은색이다. 시인 정찬주는 이 길을 두고 '인간 세상에서 하늘로 가는 기분'이라고까지 표현했다.

단풍이 들기 전 선운사를 붉게 물들이는 건 꽃무릇이다. 평생을 가도 잎과 꽃이 만나지 못한다는 꽃. 9월 말 10월 초면 붉은 꽃이 핀다. 그 모양도 애처롭다. 가느다란 줄기 위에 덩그러니 달린 밤톨만 한 꽃송이가 위태롭다. 바람이 불면 대궁은 곧 부러지기라도 할 듯 흔들린다. 입장권을 끊고 절 경내에 들어서면 눈에 보이는 것은 초록색과 붉은색뿐이다. 나무 그늘마다 한 줌씩 피어있는 꽃무릇. 미인의 속눈썹처럼 길고 가느다랗게 휘어진 꽃 모습에 도솔암으로 올라가는 등산객들은 '이쁘다 이쁘다'를 연발하며 발걸음을 떼지 못한다.

꽃무릇은 선운사로 향하는 길을 따라 난 도솔천 건너편에 많다. 도솔천 건너편은 단풍나무, 참식나무, 굴참나무가 빽빽한 숲. 나무 아래 핀 붉은 상사화가 말로 표현할 수 없는 광경을 연출한다. 신발을 벗고 징검다리를 건너면 개울 건너편 꽃천지로 갈 수 있다.

꽃무릇을 흔히 상사화(相思花)와 혼동을 하는데 엄연히 다른 꽃이다. 상사화는 칠월 칠석을 전후로 피고 꽃무릇은 백로와 추분 사이에 핀다. 입과 꽃이 서로 만나지 못하는 '화엽불상견(花葉不相見)'은 같다. 일본에서, 혹은 중국에서 들어왔다고 하는데 확실치는 않다. 일본의 남부 지방에 군락이 많아서 일본 유입설도 있고 일본에서 부르는 꽃 이름 중 '만주의 꽃'이라는 것이 있어 중국 유입설도 있다.

사실 꽃무릇은 웬만한 고찰이면 흔히 볼 수 있는 꽃이다. 금어(金魚: 탱화를 그리는 스님)가 탱화를 그릴 때 구근을 가루로 만들어 물감에 타 그리면 좀이 슬지 않고 색이 바래지 않는다고 한다. 그래서 옛날부터 절마다 꽃무릇을 심었고 지금은 영광 불갑사와 함평 용천사에 군락을 이루며 자라고 있다.

선운사 앞 부도밭도 꽃무릇 천지다. 울창한 전나무숲 그늘마다 꽃무릇이 피어있다. 선운사 꽃무릇을 보기에 가장 좋은 때는 해 뜰 무렵, 전나무숲 사이로 내리쬐는 햇빛을 받은 꽃무릇이 얼마나 이쁜지 알 수 있으리라. 꽃 속에 묻혀 가벼운 산책도 할 수 있어 더 행복하다.
꽃무릇을 지나면 선운사다. 평지 사찰로 강당과 대웅전, 그리고 여러 법당들이 한 마당에 깃들어 있다. 법당이 너무 조밀하게 배치돼 있지도, 어수선하게 펼쳐져 있지도 않다. 선운사는 백제 위덕왕 24년(577)

검단선사가 창건했다. 당시 89개의 절집에 3,000명이 넘는 승려가 수도했다는 대찰이었다. 지금도 전북 지역에서 김제의 금산사와 함께 가장 크다. 보물 5점, 천연기념물 3점, 전북 유형문화재 9점이 있다.

사람들은 절 마당으로 들어가 사진을 찍고 천천히 마당을 거닌다. 그리고는 절 안에 있는 찻집에서 맑은 녹차 한 잔을 나눈다. 가을 햇빛이 쏟아지는 절 마당으로 오후의 풍경소리와 여행객들의 웃음소리가 내려앉는다.

단풍 ──

꽃무릇이 지면 단풍이 선운사를 물들인다. 미당 시비를 지나 절 안으로 가까이 다가갈수록 단풍숲이 짙어진다. 바람이라도 불면 단풍잎이 우수수 떨어져 내린다. 머리 위에 어깨 위에 붉고 노란 단풍이 쏟아진다. 온몸에 붉은 물이 드는 것만 같다.

10월 하순이면 선운사는 단풍으로 물들기 시작해 11월 초·중순 절정에 달한다. 입구에서 도솔암으로 이어지는 약 2킬로미터의 숲길은 거대한 단풍터널을 이룬다. 선운사의 가장 큰 매력은 선운사 대웅전이 '끝'이 아니라 '시작'이라는 점이다. 끝은 도솔암 마애불이다. 선운사 앞에서 흙길을 밟아 40~50분 동안 긴 긴 오솔길을 따라 걸어야 한다.

이 길 참 좋고 편안하다. 길은 높낮이가 뚜렷하게 느껴지지 않을 정도로 완만하다. 걷기에 알맞다. 길 양옆으로는 꼬불꼬불한 활엽수들이 고만고만한 모습으로 빼곡하고, 흙 바닥은 오랜 세월 사람들의 발길에 다져져 있다. 할아버지 할머니에서 손자 손녀까지 온 가족이 가족 운동회라도 하면 좋을 정도로 평탄한 길이다. 여행객들은 단풍 숲을 거닐고 사진작가들은 단풍을 찍느라 부산을 떤다. 오색 창연한 단풍나무 아래에는 군데군데 쉼터가 있다. 가는 길 중간중간에 나타났다 사라지기를 반복하는 도솔천엔 지천으로 붉은 단풍이 떨어져 내려 물도 사람도 단풍도 함께 붉은 '삼홍'(三紅)이다.

이 길을 따라가면 도솔암에 닿는다. 도솔이란 무슨 뜻인가? 불국토다. 기독교로 치면 천국이다. 그러니 도솔암으로 가는 길은 천국으로 가는 길이기도 하겠다. 대부분의 절이 일주문에서 대웅전까지를 부처의 영역으로 삼았다면 선운사는 산 전체가 부처의 길이고 땅인 셈이다.

도솔암에 닿았다. 정확한 이름은 도솔천 내원궁. 벼랑 끝에 터를 겨우 닦아 만든 작은 암자다. 108배에 열중인 사람들 사이에서 스님이 경을 읽고 있다. 도솔천은 불교 성역 수미산 꼭대기의 천계(天界)요, 내원궁은 미래불인 미륵불이 머무는 거처다. 세파에 지친 민중들을 달래주는 존재. 19세기 말, 신천지를 꿈꿨던 동학 농민들도 이 도솔천과 인연이 닿아 있다. 바로 거대한 마애불이다. 이 부처님 배꼽에 있는 복장감실에 세상을 바꿀 비결과 벼락살이 숨겨져 있다는 소문이 돌았다. 하여 1820년, 새로 부임한 전라감사 이서구가 사다리를 타고 올라가 감실을 뜯고 책을 열었는데, 책 첫 문장이 이러했다. "이서

구가 열어 본다" 기겁한 이서구 머리 위로 벼락이 쳤고, 이서구는 책을 도로 던져 놓고 도망갔다고 한다. 세월이 흘러 1892년, "이서구가 벼락을 맞았으니 안전하다"는 판단과 함께 동학도들이 다시 감실을 열어 책을 가져갔다. 이 일로 동학도 수백 명이 문초를 당하고 고문을 당했다. 뭐라 적혀 있었는지 알 길이 없지만, 세상 바꾸려는 의지가 그리 강했고, 그 일이 미륵불이 사는 도솔천에서 벌어졌다. 불상 앞에서 올려다 보니 부처님, 아무 말 않고 참선 중이다. "이 무엇고!"

내원궁에서 산 쪽을 보면 천마봉이 우뚝 서 있다. 한동안 땀을 식힌 후 다시 천마봉으로 향한다. 능선 따라 저벅저벅 걷는다. 가는 길에 용문굴이 있다. 〈대장금〉에서 장금이 엄마가 죽은 곳이다. 돌무덤이 남아 있다. 굴 자체가 성문처럼 웅장하다. 그리고 능선. 까마득하게 멀어 보이던 낙조대가 나온다. 쫓겨난 최상궁이 떨어져 죽은 곳이다. 예까지만 가도 그저 좋건만, 또 아무렇지도 않게 길을 이으니 천마봉 정상이다.

천마봉에 오르면 내원궁, 그 작은 암자는 거대한 암봉 무리 한가운데에 꽃처럼 박혀 있다. 작은 절집 하나가 아니라, 그 봉우리 전체를 가지고 있는 거대한 공간이다. 이서구가 벼락살을 맞은, 동학꾼들이 비결을 빼내어 간 부처님이 오른편 아래에 자그마하게 걸려 있다.

한동안 서성이다 선운사로 내려가는 길을 잡는다. 모퉁이를 돌 때마다 붉고 노란 단풍과 마주친다. 단풍에 취해 내려오는 길이 마냥 더디고 또 더디다. 선운사 앞마당을 또 얼마나 서성여야 할지 모를 일이다.

"꽃이 / 피는 건 힘들어도 / 지는 건 잠깐이더군 / 골고루 쳐다볼 틈 없이 / 님 한 번 생각할 틈 없이 / 아주 잠깐이더군 / 그대가 처음 / 내 속에 피어날 때처럼 / 잊는 것 또한 그렇게 / 순간이면 좋겠네 / 멀리서 웃는 그대여 / 산 넘어 가는 그대여 / 꽃이 / 지는 건 쉬워도 / 잊는 건 한참이더군 / 영영 한참이더군"(《선운사에서》, 최영미)

―――

고창읍성도 돌아보자. 전남 순천의 낙안읍성, 충남 서산의 해미읍성과 더불어 국내 3대 읍성으로 꼽힌다. 둘레가 1,684m에 달하는데 성곽 바깥 길을 걷거나 성곽 위로 한 바퀴 돌 수 있으며, 성곽 안 소나무 숲길이나 맹종죽 밭도 운치 있다.

고창의 대표적인 먹거리는 풍천장어구이다. 선운사 주변에 장어구이 전문 식당이 늘어섰다. 선운사 앞 인천강은 밀물 때면 바닷물이 밀려들었다가 물이 빠지면 갯벌이 드러난다. 이런 하천을 풍천이라 부르고, 풍천장어는 이곳에서 잡은 장어를 일컫는다. 요즘 자연산 장어를 사용하는 식당은 드물고, 대부분 고창 여러 지역에서 양식하는 장어를 사용한다. 잡기 전 갯벌에 방목하기 때문에 육질이 쫄깃하고 단단하다. 연기식당(063-561-3815)과 우진갯벌장어(063-564-0101)가 유명하다. 태흥갈비(063-564-2223)는 고창 주민들이 많이 가는 돼지갈비집이다.

물안개처럼 아련히
피어오르는 첫사랑의 추억

겨울 소양호와 청평사

단 한 번의 여행

"춘천은 이름 자체가 '바로 그곳'이다. 아직도 가 보고 싶고, 가서 살고 싶고, 사랑해 마지않을 꿈속의 여인이 살고 있을 것만 같은 바로 그곳. 고향 같으면서도 고향 이상의 상상 속의 어여쁜 도시."

〈춘천은 가을도 봄이지〉란 시를 쓴 유안진 시인은 춘천이라는 도시를 두고 '사랑해 마지않을 꿈속의 여인이 살고 있을 것만 같은 바로 그곳'이라고 했다. 그의 말대로, 춘천은 그럴 것 같다. 춘천에 가면 몇 시절 내내 그리웠던 누군가를 어느 골목 모퉁이에서 문득 만나게 될 것만 같고, 안개 가득한 호숫가 찻집에서 그 사람과 말 없이 차 한잔 나누는 것만으로도 가슴 한편에 켜켜이 쌓인 상처가 말끔히 치유될 것만 같다. 춘천에 가면 정말로 그럴 것 같다.

그래서 겨울 어느 날 춘천엘 갔다. 어두컴컴한 새벽에 길을 나섰다. 차에 설치된 온도계는 영하 17도를 가리키고 있었다.

춘천은 참 가까웠다. 한때 경춘선이라는, 이름만으로도 낭만을 상징하던 그 길을 따라 열차를 타고 가야만, 아니면 경춘가도라는 구불거리는 국도를 한참이나 따라가야만 당도할 수 있었던 도시 춘천. 언젠가 서울과 이 도시를 잇는 고속도로가 생겨났고, 정체 시간을 피하면 1시간도 채 걸리지 않고 닿을 수 있을 정도로 가까운 도시가 됐다.

그래도 춘천은 춘천이다. 물리적 거리가 줄었다고 그리움의 거리가 줄어든 것은 아니다. 춘천의 좌표는 그리움과 추억과 기억이 교차하는 지점이다. 그러니까 춘천은 서울에서 100km 남짓 떨어진 도시가 아니라 5년, 10년, 혹은 20년 정도 떨어진 거리에 있는 것이다.

춘천IC에 내려서자 동이 터 왔다. 핸들을 돌려 곧장 소양호로 향했다. 날씨가 차니 해 뜰 무렵이면 호수는 뭉게뭉게 피어오르는 안개로 가득할 것이었다. 첫사랑처럼 아련한, 희미한, 애틋한 물안개, 그 물안개가 보고 싶었다.

충주호와 더불어 국내에서 가장 큰 호수로 꼽히는 소양호. 지금이야 단지 물을 가두는 댐으로만 알려져 있지만, 한때 소양호에는 양구와 인제까지 다니던 배가 있었다. 겨울 속초나 설악산을 찾는 사람들은 소양호에서 배를 타고 내설악의 코앞까지 다가서곤 했다. 하지만 이젠 다 지나간 일들일 뿐이다. 지금 소양호를 다니는 배는 관광객들을 태우고 고작 10분 내외의 청평사까지 가는 유람선뿐이다.

소양호의 거대한 담수량이 만들어 내는 겨울 안개는 두텁다. 일교차가 큰 가을 무렵이면 한 치 앞이 보이지 않는다. 겨울에는 차가운 수면을 어지럽히는 물안개가 핀다. 분분히 피어오르는 안개 속으로 물오리가 떼를 지어 유영하고 수초는 희디흰 서리꽃을 덮어 쓴다. 이런 꿈결 같은 풍경은 오직 춘천에서만 볼 수 있다. 물안개를 가장 잘 볼 수 있는 곳은 소양 5교다. 전망대도 만들어져 있다.

오전 7시면 호수 옆 비포장도로에는 이미 사진작가들의 차들이 늘어

겨울 소양호와 청평사

선다. 2월 무렵이면 상고대를 찍으려는 작가들로 소양호의 아침이 분주하다. 숨을 쉴 때마다 새하얀 입김이 뿜어져 나온다. 아침 햇살이 수면 위로 사금파리처럼 뿌려지고 우윳빛 안개가 피어오른다. 햇살과 안개가 뒤섞여 호수는 어지럽고 어렴풋하다.

어쩌면 우리 기억 속의 첫사랑이 이런 모습일지도. 오직 잔상으로만 남아 있는, 손에 잡힐 듯 잡히지 않는 물안개 같은 풍경. 추위 때문인지, 아니면 추억 때문인지 잠시 콧등이 시큰하다.

운치 가득한 소양호 뱃길은 사라져 버렸지만, 소양호의 물줄기를 따라가는 구불구불한 길은 남아 있다. 오봉산 자락의 배후령을 타고 넘어가는 호안 도로가 바로 그 길이다. 이 길을 구불거리며 따라가면 청평사에 닿는다.

고려 때인 973년에 세워진 이 천년 고찰은 젊은 연인들이 가장 많이 찾는 산사로 유명하다. 주차장에 차를 대고 절까지 약 2km. 울울창창한 숲길이 이어지는데 절도 절이지만 절까지 이르는 이 숲길이 여간 운치 있고 좋은 것이 아니다. 청평사를 찾는 연인들은 배를 타고 이 숲길을 걷는 것만으로도 제법 근사한 데이트를 하는 셈이겠다. 게다가 이 절에는 지독한 사랑 이야기마저 깃들어 있으니, 연애의 감정을 북돋우는데도 더없이 좋겠다. 이야기는 대략 이렇다.

옛날 당나라 태종에게 어여쁜 공주가 있었다. 그 공주를 짝사랑하는 청년이 있었는데, 언제나 그렇듯 그 청년이 평민이었다는 데서 비극이 시작된다. 사랑을 이룰 수 없었던 총각은 상사병에 걸렸고, 왕은 청년을 죽인다. 하지만 죽어서도 공주와 함께 하겠다는 총각은 상사뱀으로 환생해 공주의 다리에 달라붙어 떨어지지 않는다. 결국 공주가 야위어 가자 부처님에게 빌어 보기로 하고 발길이 닿은 곳이 고려의 청평사다. 밤이 늦어 동굴에서 노숙을 하고 이튿날 잠깐 불공을 드리고 오겠다는 공주의 말에, 어찌된 일인지 뱀은 10년 만에 떨어져 주었다. 하지만 기다리다 조바심이 난 상사뱀은 공주를 찾아 절 안으로 들어가려 했는데, 청평사 회전문 앞에서 벼락을 맞고 폭우에 떠밀려 죽고 말았다.

청평사 회전문은 상사뱀이 돌아 나갔다고 해서 회전문이라고 한다는 이야기가 전해진다. 이름이 회전문이라 빙글빙글 돌아가는 회전문을 생각하겠지만 청평사 회전문은 '回轉門'이 아니라 '廻轉門'으로, '회전'(廻轉)은 윤회전생(輪廻轉生)의 줄임말이다.

춘천의 첫사랑을 떠올리는 이들은 공지천의 에티오피아 참전비 옆에 들어선 '이디오피아의 집'을 기억하리라. 에티오피아 참전 기념비 옆에 들어선 이 카페에서는 당시만 해도 흔히 맛볼 수 없는 원두커피를 냈다. 1968년 개업 이래 단 하루도 문을 닫은 적이 없다고 한다.

지금이야 그 풍경이 영 을씨년스럽다. 찾는 이 별로 없는 카페 안은 한산하기만 하다. 카페에서 커피를 사 들고 공지천으로 간다. 의암호는 두껍게 얼었다. 오리배는 오도 가도 못한 채 호숫가에 정박해 있다. 시간도 얼어붙어 호수 속에 박제되어 있는 것만 같다.

그러고 보니 춘천의 이름은 봄내다. 봄 춘(春), 내 천(川). '봄이 오는 시

내'란 예쁜 이름이다. 머지않아 봄이 당도하겠지. 물안개 말고 봄 아지랑이가 이 도시 곳곳에서 어지럽게 피어오르겠지. 그때쯤 다시 와야겠다. 소양호나 망대 골목 어디쯤에서 혹은 명동 어디쯤에서 우연인 듯 첫사랑과 마주치게 될지도 모를 일이니 말이다.

―

신동면 증리 실레마을에 김유정문학촌이 있다. 생가와 전시관, 연못, 동상 등이 있는데 천천히 걸으며 돌아보기 좋다.

소양호 가는 길에 자리잡은 샘밭막국수(033-242-1712)는 막국수로 유명하다. 유포리막국수(033-242-5168), 원조남부막국수(033-256-7859)도 유명하다. 닭갈비는 온의일점오닭갈비(033-253-8635)와 우성닭갈비(033-242-3833) 추천. 사농동에 자리한 평양냉면(033-254-3778)은 냉면 마니아라면 지나치지 말아야 할 냉면집이다. 대원당(033-254-8187)은 춘천에서 가장 오래된 빵집으로, 1968년에 문을 열었다. 달콤한 잼을 바른 맘모스빵과 부드러운 크림이 듬뿍 든 버터크림빵이 가장 인기다.

끝은 끝이 아닌 새로운 시작

땅끝마을과 대흥사

단 한 번의 여행

땅끝마을 ——

해남에 온 이들은 모두 땅끝으로 향한다. 바다를 솔숲이 둘러싼 송호리 해수욕장을 지나면 땅끝마을이다. 북위 34도 17분 21초. 섬을 제외한 한반도 땅덩어리의 가장 남쪽에 위치한 곳이다.

땅끝마을은 송지면 갈두리를 말한다. 땅끝마을에는 횃불 모양의 땅끝 전망대가 불쑥 솟아 있다. 전망대에 서면 한 폭의 풍경화가 펼쳐진다. 오목하게 자리한 땅끝마을 앞쪽으로 유람선이 정박해 있고, 넓은 전복 양식장은 바다에 펼쳐 놓은 바둑판 같다. 그리고 망망대해에는 작은 섬들이 징검다리처럼 띄엄띄엄 자리하고 있다. 진도가 손에 잡힐 듯 가깝고 흑일도, 노화도, 보길도 등 크고 작은 섬들이 점점이 떠 있다. 전망대 아래인 땅끝 토말비까지, 벼랑을 따라 걷기 좋은 산책로도 조성되어 있다. 땅끝은 일출과 일몰을 모두 볼 수 있는 곳이기도 하다.

땅끝 여행의 백미는 일출이다. 이 땅의 끝에서 맞는 해돋이는 색다른 감흥을 선사한다. 바다를 집어삼킬 듯 이글거리며 떠오르는 붉은 햇덩이가 감동적이다.

전국에서 몰려오는 여행객으로 북적대는 땅끝마을을 피해 조용히 일출을 맞고 싶다면 해남의 동북쪽 모퉁이 북일면으로 향하자. 면사무소에서 내동리로 향하다 보면 길은 내동과 원동으로 나뉜다. 어느 쪽을 택하든 일출을 감상하는데 부족함이 없다. 선창에 서면 몰섬, 내도, 복도 등 크고 작은 섬이 검은 그림자를 드리운 잔잔한 바다 사이로 힘차게 솟아오르는 태양과 만날 수 있다.

대흥사 ──

두륜산 자락에 깃든 대흥사는 오랜 역사와 그윽한 정취를 지닌 남도의 대표 절집 중 한 곳. 신라 진흥왕이 어머니 소지 부인을 위해 창건한 사찰로 아도가 지었다.

대흥사는 큰절이다. 13명의 대종사와 13명의 대강사를 배출했다. 수많은 학자와 시화묵객(詩畵墨客)이 교류했던 곳으로도 유명하다. 임진왜란 당시 승병장이던 서산대사가 입적했고, 우리나라 다도를 정립한 초의선사도 오랫동안 머물렀다. 경내에 들어서면 대웅보전, 천불전, 용화당, 봉향각, 무량수각 등 다양한 건물이 들어서 있다.

대흥사는 '서예 박물관'으로도 불린다. 추사 김정희, 원고 이광사 등 조선 후기 명필들의 글씨가 절 이곳저곳에 현판으로 걸려 있다. 대웅보전 현판 글씨도 18세기의 명필인 원교 이광사의 것이고, 무량수각과 일로향실, 동국선원의 편액은 추사 김정희가 직접 쓴 것이다. 서산대사는 대흥사를 두고 '만세토록 허물어지지 않을 명당'이라고 했다. 해

해남 땅끝마을과 대흥사

탈문에 사천왕상이 없는 것도 특징이다. 동서남북을 둘러싼 천관산, 달마산, 선은산, 월출산이 사천왕 역할을 대신하고 있기 때문이라고 한다.

대흥사 바로 앞까지 차를 타고 이동할 수 있지만 걸어볼 것을 권한다. 대흥사 매표소에서 대흥사 일주문까지 약 4km에 이르는 '장춘숲길'은 삼나무와 편백나무로 빽빽하다. 예로부터 '구곡장춘(九曲長春)'이라고 했다. 굽이굽이 아홉 굽이 숲길이라 '구곡', 봄길이 길고도 좋아 '장춘'이라는 이름이 붙었다.

숲길 시작은 매표소 오른쪽으로 난 작은 산책로다. 측백나무와 편백나무로 가득한 숲길은 숲의 청량함을 그대로 전해 준다. 천천히 걸음을 옮기다 보면 어지럽던 머릿속이 시원해지는 느낌이다. 삼나무와 너도밤나무, 동백나무로 가득한 숲길 옆으로는 시원한 계곡물이 흐른다.

대흥사 가는 쪽으로 길을 잡으면 한옥 한 채가 나타난다. 대흥사를 찾는 손님을 위한 숙소인 '유선관'이다. 한때 남도의 내로라하는 예인들이 들락거리던 명소였고 유홍준 전 문화재청장의 《나의 문화유산 답사기》에는 진돗개 누렁이가 등산객의 길 안내까지 했다고 나와 있다. 영화 〈서편제〉와 〈장군의 아들〉 등을 촬영했고 예능 프로그램 〈1박 2일〉에 등장하면서 더 유명해졌다.

대흥사에서 한참을 보내다 일지암으로 간다. '다선'(茶仙)으로 알려진 초의선사(1786~1866)가 말년을 보낸 곳이다. 등에 땀이 흠뻑 밸 때쯤

일지암에 도착한다. 암자는 앙상한 나무 기둥에 초가지붕을 얹고 서 있다.

일지암에 힘겹게 오른 이들은 뒤편으로 가 물을 마신다. 초의선사가 찻물을 받아썼다는 샘물인 유천이다. 지금도 마르지 않고 물을 흘려보낸다. 일지암 툇마루에 앉아 속세를 내려다본다. 겹겹이 펼쳐진 산, 산에서 몰려나온 아득한 운해가 세속의 번잡한 일들을 덮고 있다.

―――

해남군 화산면을 중심으로 해남읍과 황산면 일대에 걸쳐 있는 고천암호는 1981년 고천암 방조제가 축조되면서 생겨났다. 호수와 간척지 등을 합쳐 그 넓이가 2,400여 만㎡(700여만 평)에 이르는데 둘레는 무려 14km에 달한다. 특히 해남읍 부호리에서 화산면 연곡리까지 펼쳐진 갈대밭은 국내 최대 규모로 손꼽힌다. 가을바람의 지휘에 따라 넘실거리는 갈대의 군무는 멀미가 일어날 정도로 아름답다.

천일식당(061-535-1001)은 3대째 떡갈비 정식이 나오는 한정식을 내는 집. 전라도 손맛을 제대로 느낄 수 있다. 이학식당(061-532-0203)은 삼치회와 생선구이 정식으로 유명한 집이다. 〈허영만의 백반기행〉에도 나왔다. 땅끝마을 가는 길에 있는 본동기사식당(061-535-2437)은 갈치백반이 푸짐하다.

손을 잡고
옛 담장 길을 걷는 일

황산마을과 수승대

단 한 번의 여행

겨울, 새하얀 입김이 새어 나오고 살갗에는 소름이 오소소 돋는다. 이 무렵 여행을 떠난다면 한옥에 하루쯤 묵어 보는 것도 좋겠다. 처마에 반짝이는 영롱한 겨울 햇살을 눈에 담는 일, 밤이면 창호지로 스미는 달빛을 바라보는 일, 처마에서 떨어지는 눈 녹은 물소리를 들어보는 일, 이 모든 일이 한옥에서 가능하다. 아침이면 대빗자루로 마당도 쓸어 볼 수 있고 저녁이면 장작 타는 냄새가 마당을 가득 채운다. 이불을 깔아둔 아랫목은 손을 넣자마자 '앗 뜨거' 소리가 절로 난다. 고풍스럽고 기품 있는 한옥은 오래된 친구처럼, 할머니의 품속처럼 정겹고 아늑하다.

덕유산의 절경인 수승대를 끼고 자리 잡은 황산마을에는 100~200년 전에 지어진 한옥 50여 채가 운치 있게 들어서 있다. 황산마을은 거창 신씨 집성촌으로 조선 연산군 시절이던 1501년 신(愼)씨 일가가 이곳에 들어와 살면서 만들어졌다. 지금도 마을 주민 대부분은 신씨인데 마을을 거닐며 대문을 보면 대부분 신씨 문패가 걸려 있는 것을 볼 수 있다. 마을회관 앞에 서 있는 건립 헌성기를 보면 주민의 70~80%가 신씨다.

마을 입구에 서면 커다란 느티나무가 여행객을 반긴다. 수령 600년을 훌쩍 넘긴 커다란 나무다. 마을이 형성될 당시에 심은 것으로 추정된다. 느티나무 앞으로는 맑은 시내가 흘러간다는데, 마을은 이 시내를 사이에 두고 두 지역으로 나뉜다. 시내 동쪽은 '동녘'이라 부르고 서쪽은 '큰땀'이라 부르는데, 큰땀에 부드러운 처마의 한옥 기와지붕이 옹기종기 모여 있다.

큰땀은 마을 입구에 들어가기만 해도 '양반마을'임을 곧바로 느낄 수 있다. 마을 전체가 '고래등'같은 기와집들로 연이어 있기 때문이다. 황산마을의 한옥들은 대부분 19세기 말에서 20세기 초에 건립된 것들이라고 한다. 조선 말기와 일제 강점기 지방 반가의 건축 양식을 여실히 보여 준다. 대부분 안채와 사랑채를 갖추고 있는데 이렇게 마을 전체가 모두 기와집으로 형성되어 있는 것은 소작 마을을 별도로 두었기 때문으로 보인다.

황산마을의 자랑은 한옥보다는 돌담길이다. 담장 위에 얹어 놓은 여러 겹의 기와가 독특하고 이채롭다. 이끼가 돋은 기와가 세월의 흔적을 고스란히 말해 주는 것만 같다. 황산마을의 돌담은 물 빠짐을 위해 아랫단에는 제법 커다란 자연석을 쌓았고, 윗단에는 황토와 돌을 섞어 토석담을 쌓은 것으로 잘 알려져 있다. 황산마을 돌담길은 2006년 국가등록문화재 제259호로 지정되며 '전국의 아름다운 돌담길 10선' 중 한 곳으로 뽑히기도 했다.

황산마을을 가장 잘 즐기는 방법은 그냥 발길 닿는 대로 발걸음을 옮기는 것. 이 골목, 저 골목 낮은 담장 길을 따라 걷다 보면 마을의 아름다움을 제대로 느낄 수 있다. 담장은 그다지 높지 않다. 까치발을 하면 담장 너머로 집과 마당이 훤히 바라보인다. 담장 너머로 보이는

거창 황산마을과 수승대

고택이 궁금하면 들어가 구경해 봐도 좋다. 야박한 도시와 달리 낮에는 대문을 잠그지 않은 집들이 대부분이다. 문풍지를 발라 놓은 곁문들과 툇마루, 햇볕이 잘 드는 마당, 항아리 등 우리네 전통 가옥에서 느낄 수 있는 비움과 열림의 미학, 넉넉한 인심의 향기가 배어 나온다. 그리고 푸근한 사람의 온기가 느껴진다.

황산마을 가까이 수승대가 자리한다. 주차장을 지나면 제일 먼저 구연서원 관수루(觀水樓)가 눈에 들어온다. 관수루는 요수 신권, 석곡 성팽년, 황고 신수이 선생의 정신을 계승하기 위해 사림이 세운 구연서원의 문루로 영조 16년(1740)에 건립했다. 관수란 《맹자》에 '물을 보는데 방법이 있으니, 반드시 그 물의 흐름을 봐야 한다. 흐르는 물은 웅덩이를 채우지 않고는 다음으로 흐르지 않는다'고 한 말을 인용한 것으로 군자의 학문은 이와 같아야 한다는 뜻으로 지었다.

수승대의 명물은 계곡 한가운데에 자리한 거북바위다. 머리와 등짝이 꼭 거북을 닮았다. 바위에는 요수와 갈천의 후손들이 서로 제 조상을 높이려 경쟁적으로 시구를 파놓았다. 바위 표면을 평면으로 다듬어서까지 이름을 새겨 빈틈이 없다. 바위 둘레에는 이황 선생의 옛 글도 새겨져 있다.

"수송을 수승이라 새롭게 이름하노니/봄을 만난 경치 더욱 아름답구나/먼 산의 꽃들은 방긋거리고/응달진 골짜기에 잔설이 보이누나/나의 눈 수승대로 자꾸만 쏠려/수승을 그리는 마음 더욱 간절하다/언젠가 한 두루미 술을 가지고/수승의 절경을 만끽하리라"

황산마을에서는 민박이 가능하다. 현재 10여 가구가 민박 손님을 받고 있다. 아직도 장작불을 들이는 방을 가진 집도 있다. 사정이 허락한다면 하루쯤 묵어 보자. 밤이면 은은한 문살 사이로 달빛이 새어 든다. 소쩍새 소리와 마을 앞을 흐르는 개울 소리가 방을 가득 채운다. 문을 열고 마당으로 나가 보자. 대숲을 훑고 지나가는 바람 소리를 들으며 마당을 천천히 거니는 일은 도시에서는 경험할 수 없는 일이다.

거창의 별미는 추어탕과 어탕국수다. 남원식 추어탕과는 많이 다르다. 국물이 맑고 향이 세다. 어탕국수는 미꾸라지, 피라미, 붕어 등 잡어와 배추, 부추를 넣고 푹 끓인 후 국수를 넣은 음식. 마늘과 다진 고추를 듬뿍 넣고, 산초가루를 뿌린 뒤 먹으면 콧등에 땀이 송글송글 맺힌다. 어탕국수는 거창추어탕(055-943-0302), 구구식당(055-942-7496)에서 맛볼 수 있다.

거창 황산마을과 수승대

새롭게 시작하기에는
내일보다 좋은 날은 없으니까
덕구온천과 죽변항

다사다난하지 않은 한 해는 없었던 것 같다. 올해도 마찬가지. 여러 가지 일들이 일어났고 그 일들을 처리하고 해결하고 때로는 무시하느라 조금은 지쳤다. 그래서 쉬기로 했다. 1월이니까. 다시 달려야 하니까. 다시 힘을 내야 하니까.

1월은 액셀레이터를 꽉 밟고 출발선에서 힘껏 튕겨 나가야 하는 달. 타이어를 갈아 끼우고, 냉각수를 점검하고, 헐거워진 볼트를 단단히 잠그기 위해 1월의 며칠은 울진으로 피트인(pit-in).

울진, 참 먼 곳이다. 36번 국도를 따라 안동과 봉화와 의양을 거쳐야 닿는다. 지금은 도로가 넓어지고 정비돼 그나마 다가가기가 수월해졌다고는 하지만, 그래도 울진은 멀고 멀다. 길은 깊은 계곡 사이를 나사못이 돌듯 빙글빙글 파고든다.

뭔가 새로운 일을 시작할 때면 몸과 마음을 약간 공허한 상태로 비울 만한 곳이 필요한데, 울진은 그런 일을 하기에 딱 좋은 곳이다. '공허한 상태'가 왜 필요한가에 대해 이야기하자면 이렇다. 지금까지 여행작가 생활을 하며 브라질 이과수폭포의 굉음 앞에서, 벌룬을 타고 항해한 터키 카파도키아의 새벽 앞에서, 모래바람 속 신비로웠던 이집트 피라미드의 거대함 앞에서 나는 매번 공포에 가까운 경이를 경험

했다. 자연이 펼쳐 보이는 압도적인 풍경 앞에서 숨이 막혔고 소름이 돋곤 했다. 내몽골 지역 초원의 게르에서 하룻밤을 보냈을 때도 그랬다. 몽골인들과 어울려 마신 백주에 취해 드러누웠던 풀밭에서 팔베개를 하고 바라보았던 하늘. 눈앞에 떠 있던 별. 쌀알을 뿌려 놓은 듯, 유리알을 박아 놓은 듯, 셀 수 없이 환하던 별들. 손으로 훑으면 후드득하고 떨어질 것만 같던 별, 별, 별들.

도대체 저런 풍경 따위가 뭐냐고 묻는 이들이 있다. 10분만 봐도 지루해지는 게 풍경 아니냐고 말한다. 그들에게는 일단 경험해 보라고 말해 주는 수밖에 없다. '이과수 폭포 앞에 섰는데, 정말이지 소름이 돋는 거야.' 이 한 문장이 내가 그 사람에게 말해 줄 수 있는 최선이다. 그런데 지금까지 살아오면서, 여행에서 경험했던 엄청나고 압도적인 공간감이, 내 삶을 뒤바꿀 정도는 아니었지만, 내 마음의 어느 부분을 다소 넓혀 주었던 것은 사실이다. 여행 중에 만난 '비현실적인 현실'은 뭔가 숨 쉴 틈을 마련해 주었고 약간의 공허함을 느끼게 해 주었다. 그 공허함이 내가 살아가면서 저지르는 실수나 자질구레한 사건, 다툼 따위를 '에이 뭐, 이런 것쯤이 뭐라고' 하며 대수롭지 않게 넘길 수 있게 해 주었던 것이다.

어쨌든 나는 그 공허함을 만들기 위해 덕구온천의 뜨거운 물에 몸을 담그고 있다. 다섯 시간을 넘게 운전해 온몸은 어깨, 허리 할 것 없이 뻐근하다. 아니, 365일을 쉼 없이 달려온 근육과 관절은 이제 휴식을 간절히 원하고 있다. 지난 일 년 동안 등에 걸쳤던 단단한 태도는 이제 벗어 놓을 때가 됐다. 뜨거운 김이 모락모락 피어나는 탕 앞에는 디지털 온도계가 붙어 있다. 섭씨 42도. 편안해지기에, 노곤해지기에

딱 좋은 온도다.

탕에 몸을 담그니 몸이 따뜻해지기 시작한다. 피가 빨리 돌고 있다는 말이다. 눈이 저절로 스르륵 감긴다. 뜨거운 온천에 몸을 담그고 있노라면, 뭐랄까, 약간씩 어긋나 비뚤어져 있던 마음이 제자리를 찾아들어 간다고나 할까, 그런 느낌이 든다. 조금은 관대해지는 것도 같고, 대책 없이 낙관적이 되는 것도 같다. 우리네 세상사 대부분은 결론 따위는 없잖아, 하는 생각도 들고. 어쨌든 모든 것을 다 이해해 버리는 단 한 순간을 꼽으라면, 오랜 시간 운전을 한 후 녹초가 된 몸을 이끌고 온천 속으로 들어가는 그 순간 아닐까.

온천에서 나와 해안도로를 거슬러 올라와 지금은 저녁의 죽변항이다. 어둠 속 파도에 흔들리는 고깃배들을 바라보다 방파제 뒤편의 '충청도횟집'으로 들어와 물회를 먹고 있다. 주인은 참가자미와 물회를 푸짐하게 넣고 새콤달콤한 육수를 부은 물회 한 그릇을 내주었다. 창 밖으로는 죽변항이 불을 밝히고 바다와 마주하고 있다. 새하얀 파도가 밀려왔다가 어둠 속으로 사라진다. 주인은 다시 돌아와 매운탕 한 그릇을 서비스라며 놓아두고 간다.

오늘이 지나면 또 다른 시간이 시작된다. 그걸 기념하기 위해 물회를 한 숟가락 후루룩 떠넣는다. 하루에 하루씩 세월은 착오 없이 흘러간다. 오늘이 지나면 다시 똑같은 일상으로 돌아간다. 해야 할 일로 가득 찬 하루가 이어진다. 요즘은 문득문득 아프고 시차 적응도 힘들다. 낮술이 부담스럽고, 열심히 하는 것만이 능사가 아니라는 생각이 자주 든다. 사진은 아직도 잘 찍어 보고 싶다는 생각이 간절하다. 물회

를 뜨다 말고, 창 앞으로 맹렬하게 밀려오는 거센 파도 앞에서 후지와라 신야(일본의 사진가)의 한 구절을 떠올린다.

"이 세상 살아 있는 생물들은 모두 온 힘을 다해 살고 있는 것이다."

온 힘을 다했던 적이 있었던가. 일에도 사랑에도 여행에도 그랬던 적이 있었던가. 내일 아침 일찍 서울로 출발해야겠다. 우리는 어쨌든 다시 시작해야 하고, 다시 시작하기엔 '내일'보다 좋은 날은 없으니까.

―――

동심식당(054-788-2557)은 후포항에서 30년째 전복죽을 해 온 식당이다. 칼국수식당(054-782-2323)은 가자미회국수가 맛있다. 울진군청 앞 네거리 시장통에 자리한다. 9번 충청도집(054-783-6651)은 죽변항 어민들이 추천하는 물회집이다. 후포항에는 대게집이 많다.

단 한 번의 여행

초판 1쇄 발행 2021년 9월 17일

지은이 최갑수
펴낸이 안영숙
디자인 형태와내용사이

펴낸 곳 보다북스
등록 2019년 2월 15일 제406-2019-000013호
주소 경기도 파주시 경의로 1100
전화 031-941-7031
팩스 031-624-7031
메일 bodabooks@naver.com
페이스북 facebook.com/bodabooks
인스타그램 bodabooks

ISBN 979-11-966792-6-2 03810

· 이 책의 판권은 지은이와 보다북스에 있습니다.
· 이 책 내용의 전부 또는 일부를 재사용하려면 반드시 양측의 서면 동의를 받아야 합니다.
· 보다북스는 여러분의 소중한 원고를 기다립니다.